CB065956

Copyright © 2024, Ana Rüsche

EDIÇÃO Felipe Damorim e Leonardo Garzaro
ASSISTENTE EDITORIAL André Esteves
ARTE Vinicius Oliveira e Silvia Andrade
REVISÃO E PREPARAÇÃO André Esteves
IMAGEM CAPA dancestrokes

CONSELHO EDITORIAL
Felipe Damorim
Leonardo Garzaro
Vinicius Oliveira

Dados Internacionais de Catalogação na Publicação (CIP)

R951f
    Rüsche, Ana
        Ferozes melancolias: o amor, a viagem e a escrita / Ana Rüsche; Prefácio de Vanessa Guedes. – Santo André-SP: Rua do Sabão, 2024
        124 p.; 14 × 21 cm
        ISBN 978-65-81462-88-8

        1. Ensaios. 2. Literatura brasileira. I. Rüsche, Ana.
        II. Guedes, Vanessa (Prefácio). III. Título.

                                            CDD 869.41

Índice para catálogo sistemático:
I. Ensaios : Literatura brasileira
Elaborada por Bibliotecária Janaina Ramos – CRB-8/9166

[2024] Todos os direitos desta edição reservados à:
Editora Rua do Sabão
Rua da Fonte, 275, sala 62B - 09040-270 - Santo André, SP.

www.editoraruadosabao.com.br
facebook.com/editoraruadosabao
instagram.com/editoraruadosabao
twitter.com/edit_ruadosabao
youtube.com/editoraruadosabao
pinterest.com/editorarua
tiktok.com/@editoraruadosabao

ANA RÜSCHE

FEROZES MELAN COLIAS

O AMOR, A VIAGEM
E A ESCRITA

> "O tempo, a prensa
> designam um só nome
> e todas serão exsicatas.
>
> Uma coleção de melancolias
> de tudo aquilo que irá nos faltar."
>
> — Katia Marchese

Prefácio

Vanessa Guedes[1]

Uma ensaísta à altura do nosso tempo. Ana Rüsche é a mão que guia o timão do navio, o pônei com moicano cor-de-rosa, a carta de tarô que cai espontaneamente para fora do baralho, a camarada que grita junto com você na manifestação — no texto e na vida. Se um dia disseram às mulheres "é preciso escrever", a traição veio logo depois, quando olharam para as escritoras como narradoras apenas do doméstico, do privado e dos segredos da criação. Apenas. Mas hoje não. Hoje falamos das escritoras como narradoras do mundo, do selvagem, do tecnológico e das guerras. Com o tempo, a palavra "escritores" ganha contornos mais amplos, menos binários, mais coloridos e verborrágicos. E se o doméstico estava ali desde sempre, é porque o doméstico também faz parte da ferocidade do mundo. Onde melancolias multiplicam-se como abelhas.

Você não sabe a sorte que tem de poder ler Ana hoje, no exato momento em que vivemos. Nesta coleção de ensaios, a

---

[1] Vanessa Guedes é escritora, autora da newsletter *Segredos em órbita* e cursa Letras na Universidade de Estocolmo. Tradutora, também atuou como editora da *EITA! Magazine*. De sua produção, destacam-se os contos *"Suor e silício na terra da garoa"* (2020) e *"Gênese de um corpo quente"* (2021), entre outros títulos.

escritora corta à faca dura certezas seculares de um mundo que aprendeu a ser observado e interpretado pelo norte global, um mundo estritamente colonial. Um mundo que agora, a passos de formiga, lhe dá ouvidos. Em uma perspectiva toda vinda do sul do mundo.

Já é tempo.

Eu conheci a Ana há muito mais de uma década. A primeira obra de arte que compomos juntas foi um acidente: quebramos um prato dentro de um elevador. Era uma daquelas travessas grandes, usada para servir salgadinhos na festa junina feita no salão do prédio de uma amiga em comum. Naquele momento, uma banalidade tão grande quanto quebrar um objeto foi atravessada pelo inusitado do lugar. Um elevador, um limiar; local de passagem. Diferentemente de quebrar um prato no conforto do lar, ou na casa de outra pessoa, quebrar um prato no elevador, aquele que apenas sobe e desce, o lugar mais parado no tempo do universo, foi como operar o contrário da máquina do tempo. Em que momento se passam as coisas que acontecem dentro da máquina do tempo? Tudo é relativo. Ana olha para mim rindo e diz: busca a vassoura que eu seguro a porta. A incrível capacidade de ser prática frente ao apocalipse. Enquanto limpamos a bagunça, pessoas chamaram o elevador em outros andares. Eu disse que precisávamos ser rápidas. Ela comentou alguma coisa sobre o mundo nunca estar preparado para lidar com o inesperado e que a maioria dos acidentes termina desse modo, com alguém limpando a bagunça antes que o povo veja.

Logo, conheci a Ana assim, pensadora. Mas acima de tudo poeta, com dois livros de poesia publicados na época — no momento que escrevo este texto já são cinco, sem contar os excelentes contos de ficção, o romance *A telepatia são os outros* e a parceria com George Amaral no *Manual de sobrevivência na escrita*— e uma coleção de frases de pessoa *muy* sábia em conversas normais. Logo depois do dia do elevador, descobri que Ana estava no doutorado, estudando dois livros de ficção científica que eu nunca tinha ouvido falar, um deles era *O conto da aia*, de Margaret Atwood. Eu quis lê-lo para entender o que tanto a intrigava. Foi um suplício conseguir esse livro na época. Mas eu não tinha como adivinhar que dali a dois anos o mundo inteiro estaria lendo-o por conta da eleição de Donald Trump — inúmeras reimpressões garantiriam uma facilidade absurda em adquirir um exemplar. Em consequência, se eu pude bancar a descolada por já ter lido a história antes de virar moda, salpicando o fato com opiniões fortes e prontas, foi porque a própria doutora Ana me introduziu ao livro. Ana, pitonisa das tendências. Nossa grande visionária.

É claro que não foi a única vez. Se o Brasil assustou-se com a enchente que tomou o sul do país de repente, anos antes a Ana já estava organizando um grupo de estudos interdisciplinar sobre questões climáticas (o famigerado Filamentos, que segue firme e forte). Ana é dessas pessoas que teoriza e imediatamente põe em prática. Se você nunca conheceu alguém assim, aproveite a chance. Em um dos últimos textos deste livro, ela diz que para fazer arte "é preciso abrir mão da loucura da certeza" e sabemos que a certeza é não reagir, é escutar e ler sobre a miséria do mundo enquanto se continua vivendo a vida no embalo da omissão. Como se não fosse coisa nossa. Como se não fôssemos nós mesmos o próprio mundo. Por isso ela tem razão. A certeza é uma loucura.

Poderíamos cair facilmente na tentação de dizer que este livro e sua autora estão a anos-luz de nós. Mas eles são emblemas do presente; nós é que teimamos em viver o presente de acordo com as regras do passado. O livro que você tem em mãos é fruto do exercício de pensar sobre quem somos, não como indivíduos completos e contidos em nós mesmos, mas como parte de um sistema. Um coletivo vivo.

Os ensaios aqui navegam pelo amor, pela literatura e pela política em um jeitinho todo único, com a participação de outras pessoas também, porque não se faz comunidade sem ouvir o outro. É o encontro da Ana acadêmica com a Ana poeta. E uma vitória para nós, que podemos acessar a linha de raciocínio impecável dessa grande pensadora de nossos tempos.

Com gentileza, revolta e uma curiosidade ímpar sobre tudo que nos cerca.

Ferozes melancolias é um exercício de vai e volta entre o público e o privado, o trabalho de anos de diálogo e observação que encontram na escrita uma janela de alternativas para as contradições do cotidiano. Mas não pense que aqui está um manual definitivo com respostas prontas e fáceis para os dilemas intensos que qualquer pessoa brasileira encontra no século XXI.

Esse livro é apenas um começo. Que ele seja como o Louco, a carta que abre o tarô e inicia a jornada. Espero que você sinta o cheiro da novidade e do amor assim como eu senti ao ler esses textos pela primeira vez.

Índice

O tempo, a prensa das saudades 13

O amor e a escrita 15

Três cartas e um destino 17
A arte de perder 23
O tempo e a morte: meu cão morreu 29
A meteorologia da escrita: ódio e melancolia 35
Quimera, a escritora como monstruosidade 43
Diários públicos, território fronteiriço 47
A memória levada a se esquecer: três casos 57
O original e o coice 65

A viagem e a literatura 71

Odisseia: visitar uma ausência em Porto Alegre 73
Uma festa em Paraty: uma vela e dois livros 79
Quem nunca quis sacar um *quatre-vingt-deux*? 85
Pessoas lindas em todas as partes: um museu no
Chile e uma feira na Itália 91
A China e a tridimensionalização de afetos 99
Futuro, o óbvio insondável 109

Referências 117
Agradecimentos 121

O tempo, a prensa das saudades

A arte de perder rondou o Brasil nos últimos anos. A História você conhece, pois imagino que também a tenha vivenciado. Depois de uma eleição funesta em 2018 e largos incêndios florestais em 2019, todos os sonhos imensos que ainda tínhamos foram desmanchados pela pandemia em 2020 — um tempo fora do tempo, pareceu durar muitos anos enquanto vivíamos as incertezas do período de isolamento social. Agora parece tão ínfimo quando nos lembramos de suas cenas avulsas, tão próximas. Se hoje, no ano de 2024, sentimos uma certa exaustão de tudo é porque singramos tempos de exceção. Mal conseguimos elaborar esse passado-presente, oscilamos na presbiopia de não enxergar algo tão próximo ou no fingimento de que nada de muito relevante aconteceu. Perdemos pessoas queridas, perdemos possibilidades de sonhar e seguimos e seguimos como se nada nos afetasse muito.

Por isso invoco a força da melancolia. Um sentimento capaz de tingir tudo com suas cores cinzentas e lavadas, com um tom de tristeza calma, capaz de acolher a divagação e o luto. Ancorar o silêncio. Estancar a velocidade do mundo do consumo. Uma melancolia feroz, capaz de estraçalhar com suas mandíbulas de dor a histeria estéril das redes sociais. Até mordermos a alegria mais profunda uma vez mais, como um fruto proibido em tempos de excesso de luzes, e provar daquele sumo caudaloso que guardamos em nosso peito, um sentimento tão perturbador quanto maravilhoso: pertencer ao planeta e sentir a vibração da vida e do desejo em toda sua dimensão.

No livro, você encontrará um pouco de tudo. O prenúncio da catástrofe em cartas de tarô nas quais não acredito. O luto escondido entre as prateleiras de um supermercado. Andanças no estrangeiro com um amigo e sua névoa de cigarro. Escavações arqueológicas em minha caixa de e-mails. Histórias mirabolantes de escritoras famosas. Um passeio mental sobre o mais e o menos significativo. Sobre o processo de composição do livro, as versões iniciais destes textos foram veiculadas na minha newsletter *Anacronista*, durante 2022 e 2023. Depois, passaram por uma boa edição para se livrarem das amarras desse tipo de publicação seriada, foram inseridos muitos dados e outras divagações. Os ensaios ganharam uma coluna vertebral, uma ordenação e, com essa solidez fingida, chegam a suas mãos.

Um livro para se ler no sofá macio, na cama sonolenta, no banheiro do trabalho, no ônibus lotado, na delícia da rede na praia. Para facilitar essa cadência, não inseri, no corpo do texto, referências bibliográficas no formato mais acadêmico, mas não se preocupe: todas as obras citadas, inclusive críticas, podem ser encontradas nas referências ao final. Afinal de contas, este livro também fala de literatura.

Agradeço por ter chegado até aqui e por ter dado uma chance a estas ferozes melancolias para deixarmos o mundo em estado de saudade. A partir disso, podemos nos abrir à alegria, ao desejo e à imaginação.

O amor e a escrita

Três cartas e um destino

O corte

No início de 2020, realizei meu ritual de Ano Novo: virei três cartas de tarô. Estendi meu retângulo de veludo azul-escuro, acendi o bastão de incenso até ficar somente com aquela luzinha na ponta, uma passagem entre o fogo e a cinza. Diante do baralho cerrado, fechei os olhos, pedindo ideias de futuro e passando imagens do período que se encerrava.

O ano de 2019.

Por dentro, foi bom, havia lançado *A telepatia são os outros*, o livro caminhava bem, muita gente acreditando naquela história de uma brasileira em viagem ao Chile — no primeiro capítulo, pranteava uma mãe falecida e depois a ficção vai colocar nossa protagonista numa escola agroecológica, onde tomava contato com uma substância peculiar, um chá que proporcionava alterações psíquicas. Fora da literatura, havia outras partes boas, eu havia conhecido Teerã, capital do Irã, com seu imenso bazar persa, com mais de 10 quilômetros de extensão, um costurado de cronologias, alternando a luz fria de shopping center com a luz colorida filtrada por vitrais emoldurados em tijolos antigos, oferecendo de calça jeans a pulseiras de ouro, que iriam tilintar pelos braços de mulheres no metrô; lojas vendendo de pepino a açafrão, esse último presente tanto no aroma da comida quanto na cor entardecida do céus.

Por fora, o ano foi odioso. O país ardendo sob o bolsonarismo recém-empossado — lembrei do "dia do fogo", quando queimadas no sudoeste do Pará nublaram o céu quilômetros depois em São Paulo, uma materialização atmosférica do bafiento inferno que se espalhava por todas as redes e jornais.

Diante de todas as lembranças, respirei fundo.

Abrindo o baralho, cortei, escolhi. Virei as cartas. O oráculo me revela o seguinte:

O Louco, a Morte e o Enforcado.

O mau agouro percorreu minha espinha.

Expulsei o ar dos pulmões arrepiados, procurando me confortar dizendo que não há cartas genuinamente boas ou más, tudo no tarô é a oscilação da ambiguidade. Queimei mais um bastão de incenso e meu cachorro espirrou. Abri as janelas. Coloquei a água para o chá ferver, enquanto procurei me livrar daquela sensação desagradável, num monólogo mole. "Ah, a Morte pode ser algo figurativo, o começo de algo diferente. Bom, o Louco já é um velho conhecido, eu sou poeta, meu cachorro está sempre comigo." E por aí fui me iludindo, despejando o chá na água quente.

Mas estaquei diante do Enforcado.

O tarô é um camaleão

Le Pendu. Enforcado, Pendurado, Dependurado. Nunca me decido, trata-se de uma punição ou uma diversão? A ilustração de Philippe Camoin idealizada por Alejandro Jodorowsky não resolve muito, como é peculiar às cartas de tarô.

O fato é que essa carta me fascina.

Primeiro, parece que a carta sempre está na direção errada, pois há uma figura de ponta-cabeça, amarrada pelo pé, com a inscrição "XII" em cima e "*Le Pendu*" embaixo. A tendência é virar algumas vezes na vertical até entender qual lado está para cima. O rapaz, atado por um dos tornozelos, desenha um quatro com a perna solta e tem as mãos escondidas, daí a carta planta a dúvida, o moço estaria brincando conosco ou sofreria um castigo? Meu baralho é a arquetípica interpretação de Marselha, com ilustrações que lembram xilogravuras antigas, traços grossos e cores simples, vermelho, azul, verde, amarelo e fundo branco. Naquele mesmo ano, havia até escrito um conto em que esse Arcano aparecia.

Quebrando a cabeça sobre aquela previsão incômoda, muitas xícaras de chá depois, leio algo curioso no livro da Sallie Nichols:

"Com as mãos amarradas atrás das costas, o Enforcado se acha tão indefeso quanto um nabo. Está nas mãos do Destino. Não tem poder para modelar sua vida nem controlar seu fado. Como um vegetal, só pode esperar que uma força exterior o libere das atrações regressivas da Mãe Terra."

Dei risada da parte do nabo. Era até simpática a imagem, embora eu preferisse uma cenoura. Segui lendo até a autora mencionar "a lenda que Osíris também quedou pendurado numa árvore, como carne de açougueiro, por três dias, até ficar em condições de ser desmembrado".

Isso me fez lembrar: a velha história do Odin. Um dos mitos do deus amarrando-se livremente a uma árvore até conseguir obter conhecimento. Uma forma de morrer para dar uma guinada rumo à sabedoria.

Uma história, aliás, muito mal explicada. Como Odin vai lá e se amarra? Ou se autoenforca? Ou se autopendura? Se você consegue fazer isso, ainda mortalmente ferido, como consta na maioria das versões, a sabedoria está lá. Ao menos, a coordenação motora. Ainda, como um deus pode estar mortalmente ferido? Enfim, de forma muito misteriosa, Odin fica ali, preso na árvore até obter sabedoria. São nove noites, talvez em outra cronologia que a do mundo dos homens.

Aquilo tudo cruzou meu peito como um raio. Afinal, o oráculo revela-se, mas somos nós que fazemos dele o que queremos, com nossos sonhos infantis e desejos bestas. Como disse Leonora Carrington ao Jodorowsky certo dia, "todo arcano é um espelho".

Olhando a carta e lendo outras coisas, descobri um aspecto lindo: os cabelos dependurados estão próximos da terra, como raízes aéreas — viraria o pendurado uma árvore também? Com tanta coisa para digerir, sonho muito por dias.

Em pensamentos desconexos, esse homem-árvore, depois de muito tempo, desperta. Mais sábio. Em meus sonhos, dependurado, perde um dos olhos e também lhe caem os testículos, o restante da genitália. Acorda como um freixo velho, encarquilhado, e caminha entre nós como uma velha senhora, tão sábia que mal perde tempo com falar ou notar outras pessoas. A velha sábia somente contempla o mundo.

A profecia

Como você já sabe, a época seguinte foi terrível. Eu-Louca em casa, isolada com meu cachorro por muitos meses. A Indesejada das Gentes passando sua foice pelos campos da vida, sem conseguirmos entender ou se enlutar da maneira apropriada, tamanha a rapidez de seus golpes. A idiotice galopante das fake news bolsonaristas semeando venenos, levando pessoas que nos eram caras.

De minha janela, munida com panela e escumadeira com meus braços brancos, enquanto o vizinho odioso colocava no som máximo o hino nacional, eu berrava "assassino" com tudo o que um pulmão asmático consegue berrar do alto de meu 1,60 metro — e garanto, é bastante coisa. Com os meses, o vizinho silenciou. Com os meses, eu também me calei, embora aleatoriamente gritasse ainda um solitário "genocida" à hora mais difícil.

Do dia, a hora mais difícil. O pôr do sol, quando contemplava os prédios, as cores imensas do céu. Em alguns dias, recitava palavras da Ursula Le Guin, "todo poder humano é passível de resistência e mudança feitas por seres humanos". Repensava os dias. O tempo corria mágico. Imenso. Parecia que toda a minha vida eu tinha passado assim, conversando com o mundo por meio do computador. Pedia que o Destino não levasse meu cachorro, meu companheiro. Não levou. Levou só bem depois, conseguimos completar quase 14 anos juntos. Não teria sobrevivido ao pôr do sol sem ele ao meu lado.

Desse período tenho poucas lembranças. Uma nuvem crepuscular. Lembro do vídeo do haitiano, uma voz profética nos *trending topics,* "você está entendendo bem, estou falando brasileiro. Bolsonaro acabou". Lembro dos áudios com minha amiga Lilian. Lembro de minhas aulas, quando abríamos o Zoom e alguém chorava. Nas primeiras vezes, não sabia como reagir. Depois aprendi a aguardar, chorar por dentro ou por fora e acolher aquela tristeza, aquele desespero tão avassalador.

Fiz festas sozinhas, aprendi a usar fones de ouvido no máximo. Fiz coques ousados em meus cabelos ralos e finos, que atingiram quase a cintura. Fiz diversos tipos de olhos de gatinhos com o delineador, observando minhas rugas na casa dos 40, e o contraste com minha pele, clara, rosada e manchada do sol. Fiz um bocado de amizades, quando a porta da casa se fechou, a do Zoom se abriu. Fiz tricô. Aprendi a fazer fotos. Fiz contos sobre a metafísica dos robôs.

Meses depois, que pareceram décadas, quebrou-se o feitiço dependurado. Não sou mais sábia, embora indiscutivelmente seja mais velha. Sigo louca, com meu cachorro a ditar meus caminhos. A Morte, bem, segue mais próxima, justamente para nos puxar as orelhas sobre a potência da vida.

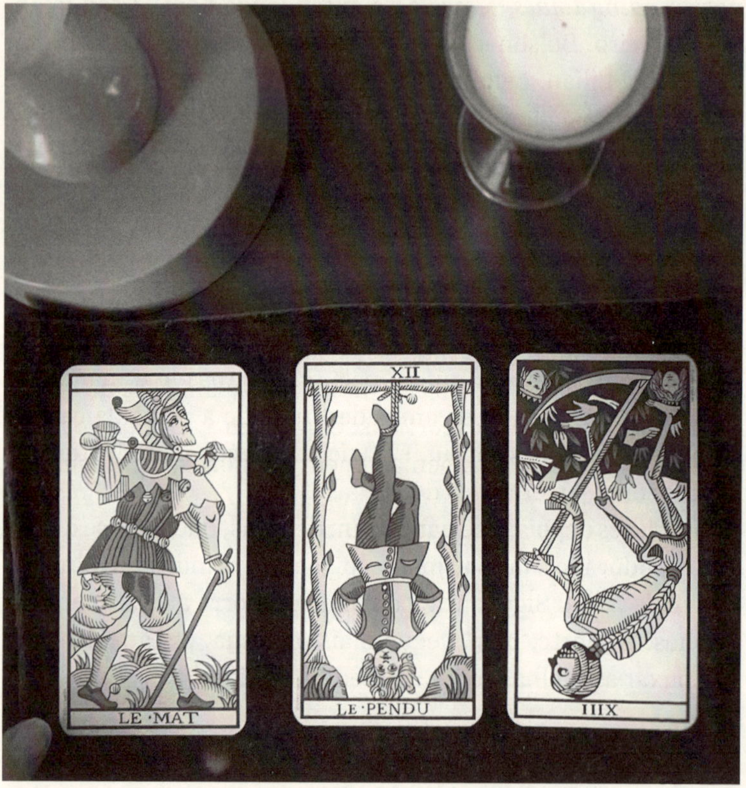
LE·MAT
XII
LE·PENDU
XIII

A arte de perder

O jogo de queimada

Desde muito pequena, me ensinaram a ser uma boa perdedora. A escola reforçava essa lição, principalmente no que se referia às competições esportivas. O que vem a ser uma boa perdedora? Bom, você parabeniza quem ganhou, mesmo quando está vermelha de raiva e perdeu um jogo de lavada. Se foi violentamente agredida na queimada, você sai de quadra sem xingar a coleguinha (garotinhas são muito ferozes, apesar de toda a construção do estereótipo negando esse fato evidente). Você não fala mal das regras do jogo, você finge aceitar aquela papagaiada toda. Você até pode falar mal da arbitragem, você até pode ferver de indignação, mas não pode sair quebrando as coisas. Isso tudo é um belo ensinamento para a gente se enquadrar nas situações mais absurdas. Nunca aprender a desobedecer.

Essas experiências escolares foram o conteúdo de um papo furado com meu irmão numa mesa de bar. Estávamos falando mal da vida alheia, o que é uma delícia. Falávamos mal especialmente de um ser com comportamento infantil, algo duplamente delicioso, pois a premissa é de que nós dois seríamos muito maduros e inteligentes, unidos nas certezas daquela mesa estreita. Ao julgar alguns comportamentos daquela pessoa entre copos de cerveja, nós dois chegamos a uma conclusão: era alguém que fazia de tudo para não perder. Exagerava nas festas para não assumir os próprios BOs, fabricando uma alegria para faltar na terapia. Aumentava o som nos fones para não falar de um problema. A culpa? É sempre dos outros, óbvio, afinal, "ninguém me compreende". E por aí foi nossa lista.

Aos poucos, listando comportamentos alheios, a nossa conclusão terminou sendo um pouco melancólica (e até muito madura, veja só): a gente se compadecia daquelas tentativas vãs de estancar o sofrimento.

No fundo, quem não queria fazer isso o tempo todo? Driblar a derrota?

Quem quer perder?

Entretanto, você já sabe a verdade: a perda é a única certeza de nossa vida.

Ouço a Dilma, quase uma sacerdotisa recebendo as emanações gasosas de deuses submersos, sobre esse ponto: "Vai todo mundo perder".

Uma lista de perdas

Outro dia, ao fazer uma retrospectiva anual, bem depois daquele momento com o tarô antes da pandemia, listei tudo que adoro fazer para planejar o ano que vinha:

— escrever mais coisas "para mim" (escrevo muito "para os outros");
— voltar a gravar uns podcasts;
— escrever mais ficção;
— seguir estudando;
— continuar na sala de aula, principalmente a virtual;
— correr por aí;
— conhecer paisagens ao redor do planeta.

Ao listar essas coisas, entretanto, as perdas durante o ano foram pulando na página. Em alguns casos, construíam um sinistro complemento com meus desejos:

"Perdi dois pacotes de café, presentes para minha mãe, no aeroporto; perdi o podcast de política que ouvia toda sexta-feira, interrompido de forma abrupta; perdi tempo e oportunidades de trabalho, indo mal nos concursos que prestei, tendo comprado uma infinidade de livros, estudado por semanas e gasto dias inteiros com provas. Perdi meu cachorro amado. Viver suas últimas semanas e o falecimento foi a parte mais marcante de meu ano. Perdi a felicidade em aguardar uma chuva suave e celebrar o vento ameno. Agora as tempestades e as ventanias me dão medo e trouxeram insuportáveis ondas de calor."
Olhando aquele papel, respirei fundo.
Procuro ir vivendo. Não perdi uma paisagem, não perdi minha cidade, não perdi um mundo, como outras pessoas já perderam e perdem neste exato momento.
Que saudades daquela dor esportiva do 7×1.

A arte de perder e seus mistérios

Ainda na conversa de bar com meu irmão, concluímos que saber perder é uma arte. Das mais intrincadas e complexas, muito distante da perda de um jogo de queimada na escola entre garotas briguentas.

Assim como o papel fotográfico era banhado reverencialmente em líquidos até ser pendurado numa sala escura com tons avermelhados para revelar uma imagem aos poucos, a perda revela como efetivamente as pessoas são. Inclusive nós mesmos, que nos tornamos pessoas diferentes a cada derrota sofrida (e sem dourar a pílula, podemos nos tornar pessoas piores com essas perdas).

A perda do amor da sua vida, a perda de um prêmio literário, a perda de um relógio de pulso antigo. Amo aquele velho poema e tentei recitar para meu irmão entre os copos de cerveja. Na hora, esqueci tudo, bem no estilo de mesa de bar. A memória também se perde.

Era o poema de Elizabeth Bishop, cito um pedacinho na tradução de Paulo Henriques Britto:

Perca um pouquinho a cada dia. Aceite, austero,
A chave perdida, a hora gasta bestamente.
A arte de perder não é nenhum mistério.

Escrevo tudo isso, com ar de plena e madura. Mas é uma só máscara, pois a próxima derrota não tarda e não falha. Para incitar aquela antiga dolorosa metamorfose. Tudo começa mais uma vez.

A poesia nunca se perde

Termino essa divagação com uma coisa que não perdi. Aliás, ganhei. Uma amiga escreveu um livro de poesia e me dedicou — um ato de amor muito profundo, uma partilha mais extensa que envolve leituras poéticas e o pertencimento à vida neste planeta, cada vez mais esquentadinho.

Como todo livro de poemas, foi escrito vagarosamente. Eu soube disso tudo aos poucos, por áudios no WhatsApp de voz embargada, por fotos. Como se recebe um presente destes?

O livro é *Herbário da memória*, da Katia Marchese. A poeta parte de espécies vegetais, familiares e fictícias, para tecer memórias e discutir o que é corpo — as cebolas, as buganvílias, as samambaias, sem esquecer das sementes e da clorofila. Nas páginas-celulose, as plantas queridas de nossa vida tocam nosso corpo: a ponta da rama da samambaia é capaz de furar os véus de entorpecimento para nos acordar sobre os sentidos da beleza, para que possamos sentir no dedo indicador essa extensa pele do mundo. A poesia fia nossos dias, tecendo "coleção de melancolias de tudo aquilo que irá nos faltar".

Nem vou dizer que indico o livro, pois seria um ato um tanto cabotino. Mas que está lindo, ah, isso está.

Minhas linhas finais sobre o tema: vamos perder sempre.

E a poesia está ali. Junto com a amizade, a poesia faz com que nossas metamorfoses terríveis sejam mais macias, acolhendo nossas monstruosidades. Faz com que nos tornemos mais mariposas, capazes de navegar por essa longa noite sombria, dançando ao redor das luzes, na felicidade e no assombro de festejar nossa própria existência.

O tempo e a morte: meu cão morreu

A morte da bezerra, parte 1

No supermercado de manhã, uma funcionária me indaga: "quer ajuda, senhora?". Dei um pulo, me assustei, agarrei o carrinho de supermercado na minha frente. Na sequência, caí em mim e vi que o carrinho, na verdade, pertencia à estoquista. Atrapalhada, larguei o carrinho errado e apanhei a cestinha com minhas mexericas. Quanto tempo estaria parada ali, olhando para o nada? Envergonhada por estar tão distraída, abanei a cabeça e respondi com olhos molhados: "desculpa, estava pensando na vida". Ela sorriu, fez que entendeu e desapareceu entre corredores.

A Passagem afeta a todos que a circundam.

O tempo livre

O tempo parado é a pior parte. Falam muito do "vazio" deixado e, embora a física moderna embaralhe as categorias, meu problema não foi o espaço, foi o tempo.

O que fazer com esse tempo todo?
Não entendo o que fazer com meu tempo livre. Sentar no sofá carece de sentido. Tomar café da manhã e ler notícias também. Ou fazer qualquer outra coisa em casa. Afinal, "lar" é onde o cão está. E se o cão partiu?
Tudo é espera. Para dormir. Para acordar.
A morte do meu cachorro me trouxe um tempo imenso. Uma época estranha, cinza, imóvel.

A morte da bezerra, parte 2

Meu cachorro ficou com uma mania engraçada ao ficar mais velho: parar no meio da cozinha e olhar o Nada. Se eu fizesse algum barulho, alguma escumadeira caindo, algum prato se chocando, aquilo cortava o transe e ele dava um pulo assustado.
Eu ria, "você está pensando na morte da bezerra?".
A expressão aprendi com meus pais. Engraçado que sempre me pareceu um pouco duro dizer sobre uma bezerra que morreu. Pobre bezerrinha.
De minha parte, acredito que o cão já espiava o lado de lá.

Condolências

Pessoas me mandam fotos que tinham com o Canek. De temporadas em outros países, da minha vizinhança. Minhas amigas enviam condolências em outros idiomas. A pandemia fez com que muitas pessoas conhecessem um pouco quem vivia comigo.
Engraçado como um cão pode ter um círculo tão grande de contatos.
Para me distrair, organizei a casa toda, mais de uma vez. Arrumei sua pasta de documentação. A ração trocamos na loja por utensílios de jardim. Minha amiga fez um vídeo com o cão dela uivando em memória ao Canek. Chorei, chorei.
O que dispara o choro não é a tristeza. É a chispa do amor.

O amolador

Canek uivava para o amolador de facas. O homem passava cantando na rua "amoooolador" e soprava um apito alto. Canek aprendeu a uivar nessas horas e eu começava a rir. Era uma cena fofa de observar.

Um dia, avistei o amolador subindo a rua. Queria muito contar aquela história do meu cachorro para ele, me parecia fascinante.

Ao me aproximar, ele se antecipou e soltou algum tipo de cantada estúpida:

— E aí, gostosa?

Passei reto, olhando para o chão. Engoli a história e a ternura apertando o maxilar.

Aprendi com o cão as formas de violência com os dentes. Mas aprendi também um truque bom: virar as costas para gente assim.

Insuportáveis sirenes

Passamos várias temporadas em Nova York, onde estabeleci grandes conversas com pessoas anônimas falando sobre cães.

Por lá, Canek odiava as sirenes onipresentes. Ao ver o medo do cachorro com aquele som horripilante, um senhor gentil uma vez me perguntou na rua aos berros:

— Ele nasceu numa zona rural?

O cão tinha pânico de tudo relacionado a essa criação anunciando o final dos tempos, sons estridentes em muitos decibéis girando em vermelhos, o grande alerta de Perigo. Naquelas ruas apertadas por prédios, o som canalizado parecia subir até nossa garganta. Canek morria de medo indistintamente de qualquer veículo com sirene, pressentindo no *truck* que vendia faláfel a ameaça daquilo sair berrando com suas luzes desesperadas pelas avenidas. Jamais passávamos em frente ao batalhão do Corpo de Bombeiros do bairro. Sucursal do inferno.

Pronomes

Odeio o pronome "meu" em "meu" cachorro. Mas reparei que o texto ficaria muito estranho sem isso. A linguagem experimental tem seus dias e neste texto não era um dia dela.
É o mesmo pronome de "amor da minha vida".

Um poema de 13 anos atrás

Escrito quando passei por um pós-operatório.

depois

meu cãozinho não sai agora dos meus pés
ele sabe toda a história, e assim nem passear longe vai
nem sai e já retorna, preocupado, passa visita de hora em hora
lambe minhas faces e olha sisudo quando me mexo muito
era um filhote, mas já cresceu, isso de ser pequeno passou
ele me traz preciosidades — cenouras, ossos artificiais, panos e canetas
nunca se afasta de nada. e late bem bravo aos maus sonhos que se avizinham

Um pedaço de mim

Sempre sonho com meu cachorro. Nas situações oníricas mais loucas, é constante sua presença. Num bar cheio de luzes. Na praia cinza. Nos lugares improváveis, mas que, no sonho, seguia comigo. Tinha medo de sua partida, pois como iria sonhar? Então, antes disso acontecer, tive um sonho revelador. Mas, sobre isso, ainda não consigo escrever, só chorar.

O grande segredo

Canek e eu estávamos deitados entre os lençóis e cobertores. O que restava da sua pelagem caramelo reluzia ao sol da tarde, imiscuída ao prateado, onde um dia o pelo tinha sido preto. Apesar do cão estar limpo com um banho recém-tomado, as marcas de picadas do hospital veterinário nas canelinhas raspadas eram muito visíveis, assim como a magreza nas costelas.

Emocionada, procurando estender aquele momento de convivência mútua ao máximo, eu não sabia, mas seria nossa última tarde juntos, acariciei aquele pelo brilhando no sol e sussurrei:

— Você já consegue ver o Outro Lado?

O cachorro levantou a cabeça e me olhou com os olhos imensos, menos tristes e cansados do que dos últimos dias.

Então, me revelou o Grande Segredo na linguagem típica dos cães: se limitou a lamber meu nariz e se virou para dormir.

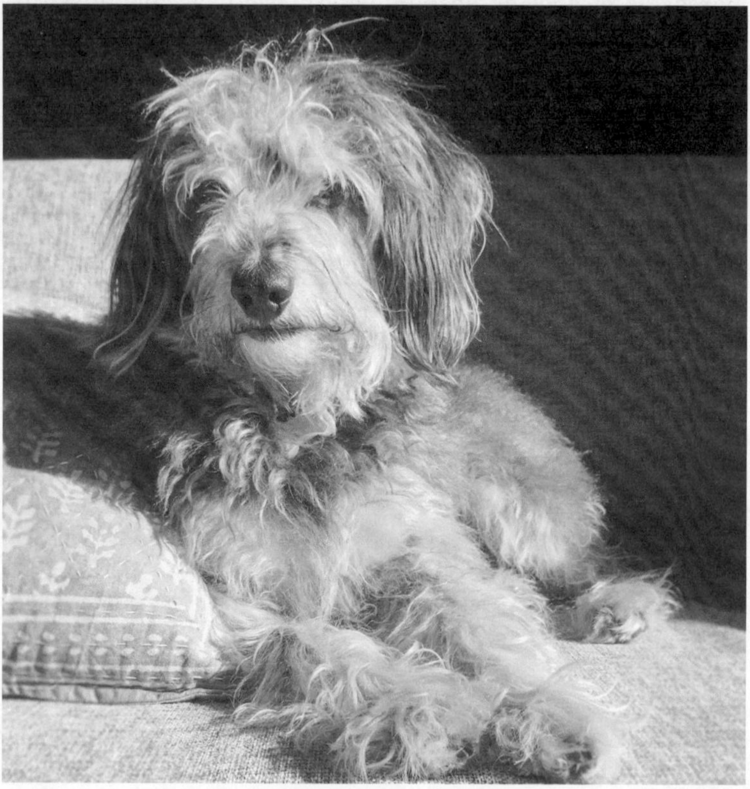

A meteorologia da escrita: ódio e melancolia

Palavras em tempos sombrios

O ódio incendeia a escrita de muita gente. Um sentimento familiar, capaz de engolfar qualquer pessoa na América Latina. Creio que é isso que eu sentia ao caminhar pelas ruas do Soho, um bairro de Nova York, no qual turistas fazem selfies bicudas. Mesmo que a primavera, uma época cruel, possa fazer brotar os lilases das vitrines, antes entorpecidas por casacos escuros pesados, o valor de meus reais seguiria sendo pouco em qualquer estação. No estômago, uns comichões ao desviar o tempo todo de gente posando. Nos punhos, uma vontade de tapar os ouvidos e o nariz para me livrar das sirenes berrando pelos ares. Um clima cada vez mais quente, cheirando à onipresente fritura em gordura animal.

Naquela tarde de maio de 2017, provavelmente driblei esse sentimento difícil, bem pouco primaveril, apressando o passo na calçada, ziguezagueando por rodinhas de turistas, apertando a mandíbula. Até tocar na porta giratória. Mergulho então no universo do familiar: a livraria. O barulho de fora logo cedeu espaço a um jazz baixinho. O odor inconfundível deve ter dissolvido minha irritação: a cola das capas e o papel dos miolos. Na McNally Jackson Books, meu dinheiro valia pouco também, mas havia outras coisas que poderia levar comigo. Aquela livraria independente albergava leituras mensais de poesia em espanhol que eu frequentava e sempre tinha algo interessante na programação gratuita. Também imprimia livros em pequena tiragem e você conseguia ver a prensa em ação em um aquário, algo muito curioso. Perto do caixa, alguns caderninhos à venda, justo os que cabiam no meu bolso. Naquela tarde específica, não vinha para ler poesia, comprar caderninhos ou xeretar nas estantes. Logo avistei, entre os livros, meu companheiro amado e um amigo. Trocamos abraços e beijos à moda latino-americana. Nós três estávamos ali reunidos para conhecermos, em carne e osso, China Miéville.

A figura do escritor britânico, nascido em 1972, é famosa por seu porte musculoso e careca, sempre com muitos piercings nas orelhas e tatuagens pelos braços. Convicto na esquerda, Miéville já foi até candidato à Câmara dos Comuns no Reino Unido. Eu estava lá para pegar um autógrafo em seu recém--lançado *Outubro: História da Revolução Russa*, uma obra de não ficção esmiuçando os acontecimentos de 1917.

Minha admiração devia-se à sua produção ficcional. Miéville escreveu obras como *Estação Perdido*, *Rei Rato* e outras que ainda torço para serem publicadas no Brasil. Criou, com outras autorias, o que chamamos de *new weird*. Uma prosa estranha, que meu amigo George Amaral caracteriza como um "hibridismo de gêneros do insólito", uma mescla de elementos formais e temas de espécies ficcionais diferentes, principalmente das tradições do horror, da fantasia e da ficção científica.

Algo que eu poderia resumir como "bom, bizarro e barroco", um texto em que tudo é possível, onde a quebra de expectativa é comum. A qualquer momento, pode surgir um monstro do ferro-velho para vender novos e velhos sonhos para pessoas empobrecidas e cansadas pela falta de saídas; a qualquer momento, habitantes de uma cidade precisam "desver" uns aos outros, esquecendo-se completamente de sua existência (qualquer semelhança com uma caminhada em qualquer centro urbano é mera coincidência); a qualquer momento, surgem passados terríveis escavados abaixo do asfalto. Um texto no qual estão autorizados o amor pela monstruosidade, a exploração dos limites da verossimilhança e o comentário político sobre o pesadelo da produção de mercadorias.

Acredito que essa mistura do *new weird* faça sentido na América Latina. Afinal de contas, se existe algo comum a nosso território é a sensação da incoerência de tudo, onde a irracionalidade da exploração capitalista sobe à tona, sem se revestir das belas vestes em vitrines primaveris do Soho — por aqui são explícitas as inimagináveis formas da violência colonial, a zombaria das extorsões por parte de poderosos, a crueldade da exploração do trabalho mal pago, sempre em moedas que valem tão pouco. A onipresença do cansaço. Quando a literatura se larga no entre sonhos para abrir mão da representação realista, como se faz no *new weird*, a costura mal ajambrada sobre a suposta coerência desses sistemas de devastações cai por terra. Representa-se o absurdo a partir do próprio absurdo. Nada mais fidedigno.

Voltando ao nosso passeio, ao descer para o subsolo da livraria, percebi que o auditório teria menos público do que nos dias em que lemos poesia em espanhol. Era o segundo dia de lançamento e Miéville não conseguiu emplacar dois dias seguidos de filas longas de autógrafo em Nova York. Ruim para o capitalismo, ótimo para mim, pois pude puxar um bom papo com ele ao final.

Nos EUA, Donald Trump estava recém-empossado. No Brasil, o presidente era Michel Temer. Na conversa, o China Miéville mostrou que sabia muito sobre a política brasileira, o que me deixou bastante impressionada. Daí perguntei algo que me parecia central à época, algo que inclusive transparecia em textos publicados na *Golpe: Antologia-manifesto*, uma reunião indignada de 120 artistas para cunhar a única palavra possível que descreveria o processo histórico daquele momento, organizada por Carla Kinzo, Lilian Aquino, Lubi Prates, Stefanni

Marion e por mim (a antologia foi lançada eletronicamente em 2016; depois, ganharia a forma impressa, um livro com mais de 350 páginas).

Minha pergunta era: como escrever sob o peso destes tempos sombrios? Naquele período de organização da *Golpe*, muita gente sentia que não era possível mais escrever. Era como se a ascensão da direita, com seu elogio a figuras históricas ligadas à tortura, nos tirasse a voz da garganta, esganando a força dos dedos que movem o teclado. O horror nos assaltava em pesadelos diurnos, pressionando o peito. Muita gente admitiu que não estava conseguindo entregar um texto para a antologia, uma mistura de temor, esmagamento e bloqueio criativo. Agora, quase uma década depois, tendo vivido todo o ciclo do bolsonarismo, agravado pelas mortes do coronavírus, aquele cenário inicial me dá até uma espécie de ternura. A gente ia ter sim que encontrar uma maneira de escrever em tempos sombrios.

Aliás, quem escreve, sempre encontrou. O que me faz lembrar um de meus poemas favoritos: *Todesfuge* (Fuga da morte ou Fuga sobre a morte), de Paul Celan. O escritor romeno foi prisioneiro no campo de concentração de Buzau. Sua mãe e seu pai, pertencentes à aristocracia cultural de origem judaica, foram exterminados pelo regime nazista — a crítica, ao lembrar do poeta sobrevivente do Holocauso, geralmente cita o "*meine Muttersprache ist die Sprache der Mörder meiner Mutter*" ("minha língua materna é a língua dos assassinos de minha mãe"). Conforme explica a professora Irene Aaron, em um artigo de 1997, a discussão política-estética naquele período de pós-guerra girava em torno de dois postulados que pareciam ser antagônicos e insuperáveis: como contar sobre as atrocidades do passado, para que não fossem varridas para baixo do tapete do esquecimento? Ao mesmo tempo, como transpor isso numa estética adequada, considerando que parecia uma tarefa impossível para a arte? É esse indizível que aflora em *Todesfuge* (1948), um dos poemas mais famosos da lírica alemã no século XX. Uma fuga da morte composta em um quadro polifônico, um retrato sobre a ceifadeira da linha de montagem organizada em campos de concentração nazistas, um ato de escrita diante do que parecia, até então, impossível de caber num poema.

O fecho, na tradução de Claudia Cavalcanti:

ele atiça seus mastins contra nós dá-nos uma cova no ar
ele brinca com as serpentes e sonha a morte é uma mestra
d'Alemanha

teus cabelos de ouro Margarete
teus cabelos de cinza Sulamita

Era isso que eu perguntava ao escritor admirável naquela livraria, lugar tão bonito, enquanto os céus das Américas escureciam, como escrever sob o peso destes tempos sombrios?

Não usei gravador, não transcrevi. Inclusive, no momento em que ouvia esse escritor pronunciar a resposta, eu me dava conta, vou perder as palavras.

A perda é inerente à escrita. Dessa forma, ao erguer esse diálogo no papel agora, preciso inventar, inserir entrelinhas, mentiras, você já conhece essa história. Eu conto: a palavra foi *hate*. A gente conversou sobre ódio. Não sobre um certo tipo de ódio, o combustível do fascismo. Mas sobre um outro. O ódio indignado, o das fagulhas criativas. Aquele sentimento que é capaz de romper o cansaço das coisas. O cérebro em chamas para construir ideias contra a crueldade irracional dos sistemas de devastação. A torrente de palavras para esganar a zombaria dos poderosos e que reivindica a justiça para trovejar mais alto no peito, vai escrever!

As palavras perdidas do China Miéville me ajudaram a empurrar o teclado. Dos originais que escrevi naquele tempo, nenhum prestou, recebi uma rejeição bem fundamentada e decidi engavetar tudo. Textos sobre ratazanas canibais gigantes. A poesia também rareou, calou-se. Entretanto, a busca seguia. Li muito sobre criação. Aprendi técnicas de rascunhos. Como muita gente, eu teria que persistir, queimando páginas, até entender como fazer aquilo de novo.

No final, o ódio não me ajudou tanto, embora seja um companheiro de minhas manhãs até hoje. Para outras pessoas, talvez funcione. Quem sabe ainda esse sentimento ígneo me ajude a escrever, talvez num outro tempo histórico. Bem, quem me empurra e me empurrou ao mergulho terminou sendo um outro afeto, um afeto aquoso.

O mergulho e a melancolia

Não sei se é meu mapa astral, mas há uma coisa no peito que me impele muito mais adiante: a melancolia. Sei que há pessoas que escrevem motivadas por outras comoções, como a aversão e o nojo ou ainda por nostalgia. O meu caso é outro. Hoje o tema é a melancolia, mesmo que eu não tenha assistido ainda ao filme do Lars von Trier.

Não vou recorrer a dicionários de psicanálise ou psicologia para explicar esse sentimento (até para não me contradizer), mas talvez você saiba. A imensa massa sentimental que se estende por todos os lugares, tingindo tudo com seus tons lavados, acinzentados, um tanto frios, que, no entanto, não te deixa afundar.

Há uma tranquilidade triste nesse estar, uma certa paralisia analítica, um convite ao recolhimento introspectivo. Algo que abre brechas para uma observação sobre a perda, a beleza e a fugacidade da vida, um julgamento mais suave sobre o mundo ao redor.

Esse estado passional apresenta um quê de antissistêmico no século XXI, quando os quadrilhonários forjaram os algoritmos, armadilhas que nos querem na revolta e na reação indignada por coisas comezinhas ou, ao contrário, pela excitação irritante. Querem-nos queimando, chamas vivas, consumindo nosso impulso de vida mais precioso num deslizar infinito da tela o tempo inteiro. Até clicarmos numa propaganda para comprar algo, quando a armadilha se fecha e nos morde.

O sentimento melancólico inunda-nos cinzento e constante, até alterar a velocidade do mundo — as paredes, os espelhos, as janelas, as árvores, o céu. Que força sombria não é essa, capaz de obliterar a luz da tela que nos olha, onipresente? No meu caso ainda, sou suscetível à meteorologia. A impermanência da previsão do tempo termina sendo uma camada extra para lidar no balanço dos humores, uma camada extra nas coisas que não controlamos, empilhada em cima dos ciclos hormonais, fases da lua, tábua das marés e da remarcação de preços no supermercado. Se o gramado está ensolarado, uma alegria brilha junto ao meu peito. Se as nuvens passam carregadas, algo se assombreia por dentro.

Mas não se engane: é justo no dia nublado, com nuvens escuras, em que a velha mágica acontece. Quando a paisagem desanimadora me transporta para algum lugar desolador e imenso. Uma praia deserta infinita, onde o mar, o céu e a areia possuem a mesma falta de cor. É quando piso nessa fronteira, passagem imaginária entre mundos, entre o nada e o lugar nenhum, em que tudo acontece. Quando o tempo não faz sentido. Ou mesmo minhas histórias. A melancolia me presenteia com essa tristeza calma de estar no lugar onde uma coisa não é uma, nem outra. É a partir desse estado que tudo ganha contornos definidos. As folhas largas de embaúba na neblina compacta da estrada. Os besouros gordos e carapaçudos da minha infância. A barriguinha de meu cachorro falecido, sua linguinha rosada. Uma onda quebrando contra um céu azul. O sol recém-nascido. As mariposas e sua fascinação pela luz.

Naquela maravilhosa animação, *Divertida Mente* (dir. Pete Docter, 2015), é a personagem da Tristeza que brilha, com seus óculos escorregando do nariz, com seus ombros arqueados, com seu jeito de pesquisadora de ciências humanas, pois seu toque tinge tudo com azuis profundos. É no encontro da Alegria com a Tristeza que muitas coisas mágicas acontecem.

A melancolia cultiva outros sentimentos por meio de uma inversão. Como se diminuindo a velocidade do entorno e abaixando o volume do mundo, resguardasse uma certa energia anímica. E meu ódio, minha indignação e minha raiva pulsam brilhantes e intocáveis, longe dos desejos dos donos de redes sociais. Ou se transmutam numa alegria bruta, cintilante. Tudo a salvo por essa força estranha e ambígua. Que nos permite olhar longe e nos incendiarmos de vida.

Quimera, a escritora como monstruosidade

A ilusão é amiga da arte. Se a arte imita a vida, algo que não podemos temer é jogar com o dúbio. Não acho ruim que tenhamos passado quase duas décadas desse século construindo assertividade, cultivando fadas sensatas na internet afora. Faz parte do jogo do real, construir certezas por parte da militância diante das crueldades existentes. Entretanto, escrever é impor uma imaginação, criar algo com uma outra lógica. Um ato ilógico, embora útil, considerando que muitas das mudanças políticas começam com a mudança de ponto de vista. Assim, no campo da arte, na maioria dos dias, é preciso abrir mão da loucura da certeza. Ao criar, é preciso enlouquecer de forma sábia, contagiando as pessoas ao redor, conclamar uma realidade mais ampla, na qual se esqueça as regras comuns do mundo.

  É duro escrever. É muito bom aceitarmos a premissa, pois nos traz uma imensa liberdade. Apesar da caneta, o lápis e o teclado estarem próximos após a alfabetização, conseguir iludir por meio das palavras é uma outra história. Pior, o próprio esforço não é a alma do crime, pois não existe literatura sem leitura e, apesar do aparente contrassenso, a pessoa fundamental de toda a cadeia do livro é quem lê. E se escrever é duro, provar a literatura recém-escrita nem sempre é simples — nem é culpa de ninguém, basta pensar que há muita coisa diferente sendo oferecida ao mesmo tempo, assim, até encontrarmos o que realmente gostamos e quais nossos critérios pode levar um tempo.

E tempo é a palavra-chave. A longa tarefa da crítica, inclusive de selecionar preciosidades esquecidas e as reapresentar, termina ajudando a compor esses sabores, pois também contamina a literatura do agora. Provar coisas novas faz parte de minha profissão, uma atividade muitas vezes confusa e arriscada, ainda mais quando me equilibro entre as duas fronteiras, da que escreve e da que critica, causando um entra-e-sai na cozinha da literatura contemporânea. Em geral, procuro fomentar a leitura, divulgando obras que gosto; e desenrolar algumas análises. Nem sempre sou muito rápida. Muito menos bem-sucedida.

O que seria ser bem-sucedida no terreno da crítica? Difícil dizer, mas uma coisa maravilhosa que a crítica pode fazer é apresentar um livro novo dentro de um que todo mundo conhece. Um causo famoso: a mudança sobre *Dom Casmurro*. Sergio Paulo Rouanet afirma, de forma bem-humorada, que essa mudança foi uma "revolução de Copérnico", "numa área pouco sujeita a cataclismos dessa natureza: a crítica literária". Tudo começa quando o livro de Machado de Assis dá o pontapé no século XX. Depois disso, durante muito tempo, gente graúda se colava ao ponto de vista do Bentinho, achando aquela Capitu uma abusada, uma falsa e uma traidora. Nos anos de 1960, a coisa muda de figura: surgiu o argumento da crítica feminista californiana, Helen Caldwell, que me veio com essa: "por que o romance é escrito de tal forma a deixar a questão da culpa ou inocência da heroína para a decisão do leitor?" (2002, p. 13). E pior, justamente em um romance no qual o ciúme é colocado sob escrutínio. Ora, em *Dom Casmurro*, se quem narra é o marido, como acreditar na acusação sobre sua mulher? Como pode nos iludir tantos anos? Helen Caldwell passa uma rasteira na nauseabunda pergunta se Capitu traiu ou não traiu, nos apresentando um livro novo, que, consequentemente, pedirá uma crítica diferente.

Dentro da tarefa da crítica, eu trabalho com o contemporâneo, a literatura publicada há pouco tempo. Assim, meu mundo é o da presbiopia, sempre perto demais dos objetos. Por qual motivo escolhi estudar o que nunca enxergo direito? Bom, nesse lugar de vista cansada, acontece muitas vezes uma transmutação — que detesto, mas desejo, como todos os desejos mais sombrios que nos habitam. O desejo de ser monstro. Uso o faro, procuro cheirar as entrelinhas, mastigo o amargo e o cru, reparo se consigo entender um perfil sensorial na coisa toda. Aos poucos, já não sou mais a leitora, nem me lembro sequer de fazer a crítica, pois a marca do híbrido se instalou nos meus olhos, já enxergo coisas invisíveis e farejo cheiros estranhos; nas minhas mãos tentaculares que seguram uma capa e logo se espicham em direção ao teclado. As metamorfoses cobram seus preços. O que perdemos ao virar esse tipo monstruoso, a escritora?

Pausa para um poema:

Monstruosidade

Nas brechas do romance,
a leitora procura algo
nem verbo ou fardo
nem sal ou mundo
mesmo assim, sonha um sopro

Nas brechas do sonho,
a romancista tampouco encontra algo
nem carne ou corpo
nem mar ou fundo
mesmo assim, mergulha
até devorar a cauda própria, muda

Quando dou aulas sobre utopias, certa passagem do crítico estadunidense Fredric Jameson é uma das minhas prediletas.

Apesar da imaginação parecer algo muito solto, livre e cheio de possibilidades, o crítico materialista frisa que somos presos a nosso tempo histórico e conseguimos imaginar somente dentro de nossos possíveis — uma prisão mental, cujos limites estão em nosso país, nosso idioma, nossa cultura, nossa raça, nosso gênero, nossa educação, experiências de vida e por aí vai. Difícil imaginar o que não vivenciamos. E ao tentarmos fazer isso, geralmente se torna uma colagem de experiências. Juntamos o conhecido para formar o que ainda não conhecemos.

Jameson sentencia, "nossas imaginações mais selvagens são colagens de experiências", e traz um belo exemplo de um escritor britânico, Olaf Stapledon: "Quando Homero construiu a ideia de uma Quimera, ele simplesmente uniu, em um único animal, partes que pertenciam a outros animais: cabeça de leão, corpo de cabra e cauda de cobra" — discussão que abre o livro com o título lindo, *Arqueologias do futuro*.

A Quimera, sinônimo de enigma e de monstruosidade, não passa de uma colagem mal-ajambrada de outros bichos bem familiares. Em aula, chego a mostrar slides de desenhos de quimeras, incluindo um desenho de uma baby quimera para reduzir o grande medo e o imenso enigma a algo revestido de fofura.

Dentro de nosso tema maior, observo com facilidade os pontos em comum, esse desejo de ser monstro e, ao mesmo tempo, nunca conseguir direito. Ser escritora é habitar o espaço do melancólico em uma eterna fronteira. A potência de um animal mítico que, se observado de perto, justo no ponto em que nunca conseguimos focar por nossa presbiopia, se reduz a uma pessoa comum com medos banais. Do lado de cá da página, entretanto, é preciso desejar se investir de monstruosidades. Convocar a força do híbrido, vestir-se do impensável. E torcer para que a vista cansada feche um olho para nossa fantasia mal--ajambrada, torcer para que somente reste a ilusão, um acerto de contas de tudo contra o mundo, um prato que servimos como vingança e como enigma: invariavelmente cru.

Diários públicos, território fronteiriço

Prazeres insuspeitos e algumas interdições

Um dos enroscos de habitar essas zonas de fronteira, entre escrever, ler e criticar, é o maldito pensar demais. Mas pensar produz um insuspeito prazer. Se não fosse assim, perderíamos tanto tempo nisso? O prazer exige o tempo da ruminação mental. Algo que o sistema nos expropria a todo o momento, pois esse parar para pensar é um tempo improdutivo, em que não consumimos ou produzimos, somente estamos respirando, exercitando as faculdades da vida. Me lembra aqueles versos lindos de Conceição Evaristo, do poema *Da calma e do silêncio*, sobre os mundos submersos, onde só o silêncio da poesia penetra:

Quando eu morder
a palavra,
por favor, não me apressem,
quero mascar,
rasgar entre os dentes,
a pele, os ossos, o tutano
do verbo (...)

E esse ruminar, além do prazer em si, pode nos levar a gestos estranhos. Um deles é a descoberta de um prazer decorrente: o compartilhar o pensar. É muito bom pensar em conjunto. Você deve conhecer isso, enovelar o que pensamos para causar um senso de divagação em outras pessoas e deixar também o novelo mental alheio nos aquecer. Um segundo gesto residiria em tricotar mentalmente a pergunta: o que faço aqui, afinal de contas?

Depois de parada olhando o nada por um tempo, enquanto por dentro algo acontecia, decidi usar minhas ferramentas mais comuns de trabalho (a produtividade é um outro hábito aprendido de pequena) e fui fuçar alguns textos para auxiliar o tricô mental. Nisso, encontrei uma expressão excelente, diário público, termo que pego de empréstimo das pesquisadoras Ana Lydia Santiago e Nádia Laguárdia de Lima, autoras do artigo *Do diário íntimo ao blog: o sujeito entre a linearidade e a espacialidade* (2009). Para pensar essa escrita ensaística, marcada pelos ventos dos acontecimentos e pela inconstância — a Ana de hoje será diferente da Ana de amanhã, versões distintas da Ana de ontem — e também marcada pelo desejo, presumo uma outra pessoa do outro lado da página, uma que não conheço. Se fosse um diário tradicional, o diário íntimo, a expectativa mudaria. Talvez houvesse um suposto controle maior sobre quem leria. E não nos enganemos, quem lê faz toda a diferença. A velha mágica somente acontece neste momento: abrem-se as páginas, abre-se o mundo. A leitura, uma forma de telepatia, um tanto vaga e tênue, cuja imperfeição somente a torna mais humana.

Como estamos em território fronteiriço, acrescento algo paradoxal à primeira vista: historicamente muitos diários íntimos foram escritos para circularem. Sim, volumes para serem lidos em voz alta em reuniões, cartas extensas sobre um cotidiano, e até destinados a futuras gerações. Mulheres trocavam diários com as amigas, enviavam pelo correio seus escritos, talvez uma forma de transgredir a proibição de publicar, de revelar seus pensamentos preciosos. Inclusive, a hibridez do que se pode ler e o que se deve esconder foi fatídica em muitos casos: não foram poucos os diários perdidos de mulheres falecidas.

Para não ficarmos na tragédia da Sylvia Plath, cujos diários foram publicados com a "consultoria" do abusivo Ted Hughes em 1982, o qual ainda alegou ter destruído partes dos últimos, algo que remexe a crítica sobre a autora, lembro que muitos dos papéis de Maria Firmina dos Reis não resistiram à posteridade — muitos foram perdidos, embora parte ainda esteja sendo estudada (vide o trabalho de Luciana Diogo, autora de *Maria Firmina dos Reis: vida literária*). Imagine os tesouros nessas páginas sumidas? Uma mulher maranhense que viveu 95 anos, nossa primeira romancista, professora dedicada por mais de 30 anos a ensinar as letras a outras mulheres, uma escritora negra e abolicionista.

Em um entendimento generoso sobre essas interdições, pesquisadoras aguerridas dedicam-se agora a recuperar esses escritos nas páginas restantes — tanto no hemisfério Norte quanto no Sul. Será que, em seus papéis íntimos perdidos, Maria Firmina e Sylvia cochichavam algo bem secreto e bem delicioso para nós? Esse pensamento nem as fogueiras inquisitórias mais sinistras são capazes de apagar.

Outro caso que me chama a atenção sobre essa tensão entre diários íntimos e suas interdições é a conduta da argentina Victoria Ocampo (1890-1979): ela mesmo facilitou todo o trabalho e já queimou seus escritos pessoais, inclusive cartas, fazendo alusão aos autos de fé, conforme nos explica Manuela Barral, no texto crítico *As damas do unicórnio*.

Não deixa de ser interessante acrescentar que a Victoria Ocampo foi desdenhada por críticos, como Paul Groussac e Ortega y Gasset, justamente por usar um tom autobiográfico em seu livro de estreia *De Francesca a Beatrice* (1924). Mas nem tudo estava perdido. Em um gênero-comadre do diário íntimo, a carta, a escritora portenha vai receber de sua ídola da época, Virginia Woolf, a seguinte linha numa correspondência sobre as autobiografias:

"É meu gênero favorito de leitura."

Woolf aconselhava-a abertamente a praticar o gênero. Anos depois, esse conselho frutificou. Primeiro, de forma oblíqua: Victoria Ocampo assume o papel da crítica literária para praticar essa vocação do falar de si mesma, publicando *Virginia Woolf em minha lembrança* ou *Reencontro com Virginia Woolf*. Depois, vai lançar sua série *Testemunhos* (1935-1998). Talvez ainda em dúvida, foi somente de forma póstuma que a escritora nos deixou seus seis volumes de sua famosa *Autobiografia* (1979-1984). Mesmo tendo sido uma mulher rica e poderosa no meio cultural argentino, não deixa de ser duro ver quantos artifícios usou para enfim encampar o desejo, publicizar o seu pensar íntimo. E que sorte a nossa que, de alguma forma, Victoria resistiu à autocensura e o fez, abrindo caminhos para tantas coisas do agora.

Quando observo a produção contemporânea, da prêmio Nobel Annie Ernaux, passando pela veterana Joan Didion e indo até a potente Gabriela Wiener, fico pensando na questão da exposição, no maldito adjetivo, "confessional". É como se a expectativa de leitura fosse um admitir as falhas, um assumir os pecados, um queimar na fogueira. Ao contrário, é uma forma de fazer com que a página seja uma mera ficção, quando tudo o que existe pertence ao mesmo mundo e, neste instante mágico, não há diferença entre nós. Quando você nos lê, somos o próprio cochicho em sua cabeça.

Ainda matutando sobre esses diários públicos, reparo na força da estampa dos tempos. Neste livro, recorro, a todo o momento, ao artifício de precisar o quando — a Ana de ontem torna-se diferente da Ana de amanhã, embora sejam todas Anas, inclusive a que digita agora. Lendo o artigo de Santiago e de Lima, sobre "do diário íntimo ao blog", descobri algo relevantíssimo, a importância da costura, não a metafórica, mas a com linha e agulha mesmo: "para que a escrita de si fosse possível, era necessário um suporte material que possibilitasse um texto contínuo, linear". Por exemplo, um caderno, onde a junção das folhas unidas foi possível pela técnica da encadernação, "favoreceu a escrita linear, com uma ordem cronológica, temporal, sequencial".

Quem escreve na internet consegue driblar a costura durante um tempo — o diário público, além da escrita de si, desde a era dos blogs, presume a não-linearidade. Como não é encadernado, você pode começar a ler um blog ou uma newsletter por onde quiser. Inclusive pode começar a ler pela última publicação. Entretanto, a transformação dessas páginas de diários públicos em volumes costurados insere um movimento interessante, uma coluna vertebral, um aspecto relacional entre textos. O tempo, a prensa para colar experiências entre uma capa e um miolo.

Ainda deixo um ponto de reflexão de meu novelo mental sobre esses diários públicos, o uso da palavra literatura. Geralmente quando usamos esse termo, estamos nos agarrando à ideia escolar de prosa de ficção — em alguns casos, até ficam nubladas a poesia e a dramaturgia. Seria nosso conceito de literatura largo o suficiente para incluir a não ficção?

É bonito observar que a ideia do que seja a literatura mudou muito ao longo dos séculos. "Mudam-se os tempos, mudam-se as vontades", verseja Camões. Se a palavra é usada, às vezes, de forma mais restrita, a noção já abarcou diversas espécies — da carta do Pero Vaz de Caminha, sobre o "achamento" destas terras, a ensaios de Michel de Montaigne sobre a amizade. Diante dessas mulheres todas que escrevem sobre suas vidas, as realidades mais que reais, as importância dos desimportantes, tenho muito a certeza da resposta. E é a mesma certeza que uma certa voz já cochicha enovelada em sua cabeça.

Duas décadas de páginas descosturadas, tudo voando ao vento

Essas ideias sobre o "diário público" serviram para refletir sobre algo que fiz aos poucos, durante anos, algo que provavelmente você também fez em algum momento da vida: escrever para a internet. Uma infinidade de posts apagados ou esquecidos. Para onde vão os posts apagados? Estarão vagando num *datacenter* mal-assombrado, cheio de bilhões de outros posts apagados, ou somente se desfizeram em luz?

Sendo filha de programador de *mainframe* e da geração que ouviu os primeiros cantos da internet discada, coloquei no ar meu primeiro site, *Palavras e lugares*, em março de 2005. Nem sei por qual motivo fazia aquilo, um prazer de construir um programa? Era relativamente complexo de ser montado, noites de juventude equilibrando algo para não se esfacelar. Foi no mesmo ano em que estreei, com o livro de poesia *Rasgada*, uma edição independente que depois chegou a ser traduzida e publicada no México.

Aos poucos, segui a moda, criei meu primeiro blog, *Peixe de aquário*, em maio de 2006 — o editorial era composto por pensamentos esparsos, fotos de lançamento em baixa definição e comentários sobre livros de poesia. Chegou a ser um "blog convidado da UOL", levando alguns posts à página inicial do portal, algo impensável hoje. Nunca me esqueço quando recebi um livro pelo correio para resenhar. Era advogada recém-formada. O envelope chegou no escritório, rompendo a redoma de ar-condicionado gelado, uma visita inesperada para aquecer meu coração. Naqueles tempos, ainda não existia a facilidade de dar o *like*, as pessoas preferiam comentar ou até responder com outros posts. Havia uma beleza ingênua naquilo tudo, centelha que os algoritmos não conseguiam apagar. É dessa época a composição do poema *A canção do limpa-vidros* — um verso: "continuo consumindo qualquer coisa que brilhe um pouco".

Aos poucos, vieram as redes e você conhece o fim da história: a programação dos algoritmos. Diante da quantidade imensa de materiais publicados, os poderosos que determinam a programação começaram a sugerir o que poderíamos gostar. Depois, as máquinas passaram a escolher por nós.

Uma das peças de resistência a esse jogo de escolhas é a newsletter. Conseguindo certa independência dos algoritmos, as newsletters furam a peneira, pois se você decide assinar alguma, elas chegam em sua caixa postal, sem serem barradas pela programação, como as fotos menos curtidas no Instagram. Digo "certa independência", pois é evidente que o alcance de redes sociais também interfere no que gostamos de ler ou escolhemos assinar.

Em agosto de 2023, completei a marca de dezoito anos escrevendo newsletters. A maioria me fez pensar um bocado e foi essa comemoração que me levou a parar para pensar, "o que eu faço, afinal de contas?", o fio que enovelou a pesquisa sobre diários públicos, tricô que compartilhei com prazer contigo. Não ache que esses anos todos foram marcados por frequência e organização. Talvez até pelas dificuldades de expressar desejos e pensamentos próprios, as coisas são confusas. A seguir, compartilho o que restou de uma arqueologia de quase duas décadas. Paro no ar, imaginando minhas palavras arcaicas vagando num *datacenter* mal-assombrado. Estariam agora em paisagens nórdicas congelantes?

Bom, nos meus registros, no Pré-Cambriano de news-letters, a *Contatos imediatos de 3º grau* trazia um editorial sobre poesia. Descobri uma edição de 2006, muito curta, com links, um deles levava a uma entrevista com Angélica Freitas, quando comento: "Angélica Freitas é uma das poetas que é sempre referência como 'quem deu certo com essa de blog'. Dona de uma criatividade poética grande e de um ótimo senso de humor, a poeta gaúcha conversa um pouco sobre seu livro de estreia". O post é tão antigo que a palavra "estreia" ainda tinha acento, o link da entrevista está inativo (qual seria?) e, sim, já havia uma expectativa boa sobre o que a Angélica traria para nosso mundo. Não erramos.

Na arqueologia digital, um momento me tirou o fôlego. Localizei uma resposta de Alfredo Fressia:

"Estou saindo pra *Montevideo*. Volto em janeiro. Feliz Natal e bom ano, Ana querida!"

Era 2007. Esse grande poeta uruguaio, que cantou o amor por outros homens, com seu rosto emoldurado sempre por um sorriso e bigodes. O perfil magro e alto sempre disposto a escutar as pessoas com amabilidade. O Alfredo, o querido Alfredo, ele nos deixou. Sua passagem ocorreu durante a pan-

demia, em 2022. Dedico meu novo romance à sua memória, livro que um dia será publicado. Quando a saudade bate demais, ainda procuro suas leituras no YouTube, sua voz em meus fones de ouvido:
"Esta é a hora amarela dos lobos."
Limpando a lágrima que escorre, sigo escavando minha caixa postal com suas irrelevâncias terríveis. Encontrei as edições do período Jurássico, agora com o título *Poeta em Nova York*, ainda um pacote de newsletters que saltou para 2016. Nesse período, morava no East Village e perguntava às pessoas como tinha sido aquele ano, citando Lenine, "avassalador, chega sem avisar, toma de assalto, atropela, vela de incendiar?". Ainda meu cachorro estava vivo e posava comigo nas selfies no rodapé das edições. Era a época em que lançava meu livro de poesia, *Furiosa* — parte do livro sairia em inglês, com seleção e tradução da Maíra Mendes Galvão, numa edição independente. Encontrei uma edição na qual conto sobre planos literários. Lendo esses planos, tenho um pouco de vontade de rir, pois todos fracassaram depois. Da pior maneira, aprendi a comentar publicamente sobre o que escrevo somente quando finalizo um original (ou ainda melhor, só quando assinei um contrato de publicação).

Como você pode perceber, nesses dezoito anos, houve eventos e extinções em massa, a coisa toda da intermitência. Especialmente no Jurássico. Mandava a newsletter quando a distância batia, quando queria. Milhões de hiatos. A periodicidade era do gênio da lâmpada. Isso foi indo pingadinho, usando a ferramenta para contar de lançamentos, cursos e outras notícias esparsas. Bom, os novos tempos vieram. Nem sei se melhores, mas outros.

Terminei dando forma à *Anacronista*, última versão da newsletter, em março de 2022. Segunda providência, escolhi uma intenção para ela: "procrastinar com classe". Queria que as pessoas procrastinassem comigo, ficassem ali de papo para o ar, enovelando o prazer de pensar em coisas aleatórias, emulando um outro prazer, vagar lendo coisas na internet afora. E queria também que os assuntos tivessem aquela irrelevância relevante, aquela sensação gostosa da literatura: parece que o certo é viver assim, flanando com a mente por aí.

O tempo seria uma das minhas matérias-primas de reflexão. Providenciados o nome e a intenção, o plano deu certo. Um novo espaço nesse imenso não lugar que é o digital. Logo, tudo muda novamente. Dessa matéria-prima fugidia que é o tempo, construí amizades, estreitei laços. A base para a construção deste livro.

Se driblei a costura dessas folhas soltas de diário público por um tempo, hoje alinhavo o *Ferozes melancolias* com alegria. Tateando certa linearidade, esculpindo uma coluna vertebral ao livro, escolhendo temas, enfim, transformo o que era episódico em perene. Uma carta encadernada de muitas páginas. Tampouco sem me enganar sobre o que fica — qualquer coisa que brilhe um pouco, um relance no largo asfalto dos dias. O tempo é a prensa das palavras e das saudades.

1º Porte da Carta
Brasil 2023
12 SELOS

A memória levada a se esquecer: três casos

Trabalhar em recuperação de obras é uma das tarefas mais tortuosas para a crítica. A princípio, o difícil é localizar dados precisos, separar o achismo dos fatos, encontrar originais, cotejar passagens. Isso é a superfície da dificuldade, pois ser uma espécie de detetive de textos sempre é emocionante. Como na literatura brasileira tudo é esquecimento, o campo de atuação é imenso. Mas, ao contrário do que pode parecer, a parte dura de tudo isso é manter certo sangue-frio, pois histórias de apagamento raramente não envolvem uma espécie de crime para as gerações do agora. Quantas vezes já não chorei digitando, equilibrando os óculos que teimam escorregar com a umidade?

Diante de casos impressionantes de apagamento de obras, o difícil é não desistir. Vou contar aqui sobre três casos de escritoras paulistanas e brancas que, por diferentes motivos, tiveram suas obras marcadas por algum tipo de interdição, seja simbólica, seja estatal: Dinah Silveira de Queiroz, Lygia Fagundes Telles e Cassandra Rios.

O primeiro caso que sempre lembro com indignação é o sumiço da obra de Dinah Silveira de Queiroz (1911-1982). Essa mulher, de família com intelectuais, teve sua formação no colégio Les Oiseaux, não fez faculdade e se casou duas vezes (ficou viúva do primeiro marido). Ao longo da vida, escreveu para jornais voltados a mulheres e manteve programa de rádio, procurando estar sempre acessível a seu público. Conseguiu várias proezas em seu tempo — o primeiro livro foi um sucesso, *Floradas na serra* (1939). Depois, dois de seus livros se transformaram em filmes, esse *Floradas* contou até com Cacilda Becker no elenco; e *A muralha* foi adaptado no mesmo ano de lançamento do livro (1954) e depois contou com outras quatro adaptações ao audiovisual. Sem entrar em mais detalhes, homens ou mulheres, quem consegue realizar essas proezas hoje?

Entretanto, o nome de Dinah foi legado ao esquecimento. Mal sabemos pronunciar seu nome. Não era incomum encontrar seu nome grafado errado, tanto o prenome quanto o sobrenome. Lidar com apagamentos é desconfortável, pois partimos da premissa da injustiça histórica. Por qual motivo as gerações atuais não possuem essas informações? A privação do passado nos atira a qual lugar? É possível reverter parte disso?

A recuperação de obras geralmente é uma tarefa doída e cheia de dúvidas. O sentimento de impotência é gigante. Uma das formas de aguentar pesquisas tristes é contar com a amizade. A Pilar Bu Lago e Lousa, amiga de bairro e de bar, pesquisadora nata, assinou comigo um artigo acadêmico no qual paramos para pensar o maldito porquê. Em nossas hipóteses de pesquisa, sugerimos que Dinah terminou apagada por ser mulher, com uma proposta de literatura popular — escrevia em jornais voltados a mulheres sem pseudônimos, tinha programa no rádio, produzia ficção científica, fantasia, ficção histórica, o que lhe parecia adequado e divertido. Acrescento aqui, pior, Dinah foi militante feminista, infernizando por anos a ABL, a Academia Brasileira de Letras, até que uma mulher entrasse. A escolha da primeira imortal foi por Rachel de Queiroz (1910-2003), escritora com um perfil menos contestador na questão de gênero. Dinah terminou obtendo sua vaga, dois anos antes de falecer.

A parte enlouquecedora da pesquisa é a pergunta: se esse esquecimento acontece com Dinah Silveira de Queiroz, com muitos privilégios sociais, imagina o que ocorre com outras mulheres do período? Quem eram essas mulheres? Quais seus nomes e rostos? E o que será de nós, escritoras no raiar do século XXI?

Quase sempre é madrugada quando faço esses trabalhos. Há uma calma no ar, cortada somente por algum escapamento de moto — são homens que precisam riscar a noite, tudo para afirmar no acelerador, "eu existo", "me escutem". Nessas ocasiões, ao digitar triste pela madrugada, torno-me um pouco transparente, como se a própria natureza das coisas antecipasse meu sumiço.

Uma outra história que esbarra em outras tristezas é um caso envolvendo Lygia Fagundes Telles (1918-2022). Tudo começou quando fui contratada para escrever um texto sobre *As meninas*, romance de Lygia publicado em 1973. De exultante com a oportunidade, passei a ficar cabreira aos poucos. A antiga síndrome da impostora nunca falha, afinal, seria um texto de capa para um veículo que gosto.

Para aplacar o nervosismo dessas ocasiões, mergulhei na pesquisa, um cacoete para ver se as águas profundas me acalmam. Li muito. O que me chegou às mãos. A parte fácil foi ler e reler o livro, grifando e separando citações. Outra tarefa agradável foi ler a crítica, já que muita gente escreveu investigações apaixonadas sobre a obra.

A trama de *As meninas* narra episódios de três jovens adultas, Ana Clara Conceição, Lia de Melo Schultz e Lorena Vaz Leme, moradoras do pensionato de freiras Nossa Senhora de Fátima durante uma greve estudantil. Ao contrário de um seriado de TV, as três personagens estão longe de serem as melhores amigas — desentendimentos são frequentes, assim como as diferenças ideológicas, cito um trecho do romance: "Lião, uma comunista fabricante de bombas. Ana Turva, uma viciada em rápido processo de prostituição. Eu [Lorena], uma amoral, indolente e parasita da mãe devassa". Uma anotação minha da época sobre o livro, "o aprendizado da amizade dá-se pelo convívio e partilha de perigos reais, diante dos quais precisam se aliar".

Com os dias, as leituras dos artigos acadêmicos e dos trechos da obra começaram a se embaralhar — se antes tudo me parecia razoavelmente simples, comecei a me atrapalhar com a maçaroca da narração, procurando separar a tríade com a voz das três mulheres. Pior: não eram narradoras confiáveis. Assim, era um olho na narrativa e um olho nos sentidos ocultos.

Aos poucos, digitando durante a madrugada, comecei a ter uma alucinação, na qual via a Lygia com uma gargantilha cravejada de *spikes*, meia-arrastão rasgada, alfinetes e rebites no casaco preto, unhas gastas e batom escuro. Aos poucos, aquela senhora de camisa branca, tão orgulhosa ao falar da Associação dos Antigos Alunos das Arcadas, a Faculdade de Direito da USP, no Largo de São Francisco, ia se tornando uma figura absolutamente contracultural, com botas pesadas entre os ruídos industriais da cidade.

O mesmo acontecia com a capa do livro. *As meninas*, no lugar de carregar umas flores e letras serifadas comportadas, agora era rosa-choque, feita na xerocadora e na colagem. Na alucinação, via o livro como talvez fosse no meu coração: um livro pesado, com sexo, drogas, comunismo, tretas, morte.

Olha, se meu coração se engana, não foi dessa vez. Aos poucos, entendi que foi justamente essa alucinação coletiva de obra bem-comportada que salvou o livro!

Afinal, minha pergunta mais intrincada da pesquisa era: como um livro desses, absolutamente punk, conseguiu escapar da censura?

O AI-5 destruiu a literatura brasileira. Uma vez mais. Trucidou tantas imaginações. Além de ativamente impedir livros de serem publicados, afugentou muita gente da carreira, inclusive editoras. Criou paranoias, autocensuras, medos justificados. É incalculável o prejuízo. Infelizmente isso vem de longe, desde os genocídios que estabeleceram esta nação, afinal, durante todo o período colonial, publicar era dificílimo. Toda atividade de impressão sob grande controle pelo Estado ou Igreja. Se saltarmos ao século XX, não podemos esquecer das fogueiras do Estado Novo de Getúlio Vargas, queimando em praça pública *Capitães da areia*, de Jorge Amado, e *Menino de engenho*, de José Lins do Rego, entre outras obras.

Tudo isso para dizer que, embora nossa valente historiografia faça levantamentos e listas de obras diretamente censuradas durante a ditadura, termina sendo bem difícil de calcular o prejuízo. A começar pelo medo justificado que gera a autocensura — quem vai querer se expor e escrever? Já ganhamos mal, imagina ainda ter toda essa dor de cabeça? Depois, há uma retração do meio, considerando que editoras independentes e organizações desistem das atividades por pura falta de investimento e temor justificado, são muitas as histórias de depredações de gráficas e queimas de estoques. As consideradas "obras seguras", com tom ufanista, terminam sendo o feijão com arroz do ensino, fazendo com que se jogue no ralo a paixão pela leitura. Quem aguenta esses livros? Ainda pioram o cenário os expurgos de obras de bibliotecas e escolas, afetando a paz do corpo docente e a tranquilidade do debate aberto sobre temas desafiadores — algo que seguimos observando ainda hoje. A repressão projeta uma sombra principalmente no silêncio.

Para aprofundar essa questão, vou dar uma laçada para lembrar do caso tristíssimo de Cassandra Rios (1932-2002). Lésbica orgulhosa, rainha de tantos corações, foi um caso emblemático de escritora que chegou à marca de um milhão de exemplares. Contra ela, postaram-se todas as forças nojentas. A liberdade que Cassandra sussurrava era considerada muito perigosa: além de escrever histórias fora da ordem patriarcal, aventurava-se em escrever páginas eróticas, detetivescas, até mesmo ficção científica. Afrontosa de forma generalizada. Sua vida tornou-se perversa especulação e as *fake news* sobre sua biografia se alastraram, afinal, "tudo o que ela conta, ela faz" (retirei essa frase da tese de Kyara Vieira, 2014, p. 82).

Já vista como um nome suspeito antes do AI-5, a partir do momento em que a totalidade do mercado editorial estava sob censura prévia a partir de janeiro de 1970, as coisas foram brutais: a autora teve mais de trinta livros censurados. Quer saber o pior? Digito "Cassandra Rios" agora na busca por compra de livros e não encontro reedições, somente livros publicados há 20 anos. Somente raridades desfazendo-se em bolor nos sebos. A proibição mantém-se em fogo alto. Espero que esse dado se altere logo.

Voltemos o fio à Lygia. Minha pergunta da pesquisa então era: como Lygia Fagundes Telles, apesar de tudo estar em contrário, conseguiu infiltrar *As meninas*? A própria escritora apresenta sua teoria: "o censor chegou até a página 72 e não foi adiante porque achou o livro chato" (2007, p. 65). Lembro de desmontar ao ler isso e começar com aquela choradeira no teclado de madrugada. Será que nem o censor, pago para proibir coisas belas, conseguiu notar a potência do livro? A maldita invisibilidade da literatura escrita por mulheres?

Após enxergar por meio da alucinação, entendo perfeitamente. Foi o disfarce da Lygia para conseguir ser punk e libertária numa época tão adversa. Aquela camisa branca com um broche no colarinho enganando todo mundo. Essa ambiguidade é o que move o subterrâneo de *As meninas* — as vozes interpostas para não decidirmos, quem narra, quem deseja?

Termino com a cereja do bolo: quando Lygia nos deixou, parte de seu disfarce foi revelado. A escritora já tinha 103 anos quando faleceu (e não 98, como até então era sabido).

Meu artigo terminou publicado, *"As meninas e a convicção da amizade nos tempos de crise"*, capa do *Suplemento Pernambuco* em 2018 — escolhi abordar como três personagens tão diferentes terminam com um vínculo forte de amizade em momentos sombrios. Depois disso, ao longo dos anos, outras pesquisas de recuperação surgiram e meu hábito de chorar pela madrugada se alterou: terminei mudando o horário de escrever e agora choro pelas manhãs. A gente nunca se acostuma com esse tipo de desolação. Nesses momentos, a sensação de meu próprio desaparecimento ainda me assombra, talvez com mais força e menos tragédia, pois tenho agora mais dados sobre todo esse fenômeno. Pesquisar é terrível.

Digito e observo a transparência de meus dedos. Leio a mensagem da minha amiga, "ainda bem que a gente se tem". Ao mesmo tempo, sei que ergo algo translúcido, uma trama feita em conjunto com muitas outras pessoas visionárias e sonhadoras, olhando para a frente ao vislumbrar o passado. Digito e surgem pontos e laçadas de uma costura envolvendo as memórias perdidas por gerações. Devolver o que sempre nos pertenceu.

O original e o coice

O soco do vazio

O curioso de estar aqui, neste não lugar entre a página e a memória, é nem ligar para certa inundação melancólica diante de um mar imaginário. Na larga praia cinza, observo a imensidão das marés. Quanto tempo foi necessário para a rocha se tornar tanta areia? Quantos grãos de areia estão nessa capa adornando o peito de meus pés? As ondas nunca vão cessar? Com as duas pernas dentro d'água gelada, mal reajo ao ver meu reflexo ser retorcido com violência na superfície, com proporções monstruosas apagadas a cada minuto pela fúria da arrebentação, entre espumas, como se os traços do nariz fino, os olhos pequenos e as bochechas largas precisassem sempre ser rearranjados a cada onda, até que o caleidoscópio forme uma só composição.

Essa praia imaginária é recorrente neste livro. Uma das formas que encontrei para ilustrar certos sentimentos incômodos, embora eu não tenha lá muitos cômodos confortáveis aqui dentro para oferecer, você deve conhecer a sensação. Acostumar-se ao desconforto é bom, um aprendizado para respirar com certa tranquilidade diante da única verdade da vida, a mudança.

Entretanto, precisei procurar uma outra imagem para descrever o que segue. Aquelas mudanças súbitas, de tirada de tapete, de falta de chão: o "coice".

O soco do vazio. Encontrei essa palavra dramática para designar o sentimento que envolve finalizar um original e absorver uma sensação estranha de quando já não sabemos mais o que ocorrerá com o texto. Um "original" pode ser um romance, um livro de contos, um livro de ensaios. Algo em que botamos muita energia e sonhos. Horas e horas de pesquisa, redação e edição textual. A probabilidade é que o original seja publicado. Mas por onde sairá? Não há nada mais para alterar? (Sempre há.) As escolhas de palavra fazem sentido? E depois, aquela dúvida: falará com o coração dos vivos?

O coice é o soco do silêncio, uma reação à entrega de uma pilha imensa de trabalho, resumida em 50 mil palavras, cujo todo o futuro é ainda mistério.

O coice pode ocorrer em várias áreas da vida. Por exemplo, após uma declaração de amor impensada, quando ainda há um instante um tanto longo de silêncio do outro lado. Após realizar um processo de admissão difícil por dias e ainda não se saber o resultado. O coração paraquedista que se joga nos ares e ainda não sente o freio da queda flutuante.

O coice envolve a parada medonha antes da rejeição e do desânimo. Ou algo pior, antes da felicidade iminente, do risco das coisas darem absolutamente certo.

Ao conversar comigo sobre coices, o Caetano Romão ainda fez um comentário relevante: a ideia de retaguarda — um coice, seja de um burro, de um cavalo ou de uma arma de fogo, é algo direcionado para trás, um recuo violento, um anti tiro em direção ao início, agora festim queimado, impossível de atingir.

Afinal, não há nada mais estranho e terrível do que um desejo atendido.

Cultivar o entusiasmo com o mundo

Para sair deste estado de coice, uma alternância entre o desânimo e a ansiedade, procuro cultivar certo desbunde com as coisas, embora meu coração esteja em outro lugar. Tudo está vazio. É surpreendente como o vazio é pleno de várias coisas, se observarmos com mais calma. Não fumo, mas poderia tragar um cigarro fictício e olhar, na fumaça que se dissipa, algumas palavras que demoram uns instantes para voltarem à invisibilidade. Lembro da palavra "brecha". Da brecha e do olhar para fora e para o nada, algumas coisas começam a se formar. As ondas geladas na praia cinzenta seguem seu labor em transformar rocha dura em areia fina. Aos poucos, uma nova ideia se forma.

Não sou muito criativa e justamente a coisa novidadeira partiu de uma praia. Com o acréscimo dos tempos: no lugar de rocha, plástico. Algumas descobertas científicas sobre rochas feitas de plástico tinham tomado minha mente durante esse período de divagação — o achado de rochas com polímeros sintéticos, uma forma intrincada de poluição, o Antropoceno infiltrando-se em camadas impensáveis com seus tentáculos de microplástico. Gradualmente, uma história vai se formando na fumaça do meu cigarro fictício, o teclado volta a fazer barulho, a caneta volta a rabiscar o papel e, por algumas noites, vou trabalhando num conto. Finjo que nem ligo para o coice, como se a outra história me preenchesse. Aos poucos, forma-se um conto, uma narrativa que se passa numa plataforma de petróleo, cheia de piroplástico (as tais rochas de plástico), na qual um estranho e imenso animal também se forma. Ao final, precisei até pedir ajuda para uma colega oceanógrafa fazer a revisão técnica, assim, eu não errava a tábua das marés. Entreguei o conto, uma encomenda para um livro, ficou com o título *Maré viva*.

Em paralelo a esse aprofundamento em praias fictícias, decidi me aventurar num curso on-line de aquarela. Sou ruim pacas com coisas manuais. Paradoxalmente, não ter habilidade parecia ser algo muito bem-vindo, o Thiago Ambrósio Lage bem denominou essa empreitada de um exercício de imperfeccionismo: a água com a tinta escorre para onde quer na página, os pigmentos começam a inundar tudo por vontade própria, parece que você tem uma colônia de micro-organismos alienígenas pululantes numa placa e não mais um papel na sua frente.

Em terceiro, voltei a escrever poesia. Não estava no meu melhor ânimo (afinal, meu original pronto também tratou bastante de poesia), mas utilizando uma cena que adoro de *Duna*, livro de Frank Herbert, não se pode nunca esperar o ânimo para escrever. A cena muito instrutiva trata de uma lição para o jovem Paul Atreides. O adolescente não estava com ânimo de encarar uma aula de luta, depois de um dia cheio por conta de uma mudança de planeta (já é duro mudar de casa, imagina de planeta). Daí um de seus mentores, Gurney Halleck, fazendo as vezes de instrutor, dá uma bronca no aluno, já dando uma estocada no pobre rapaz, provocando: "E o que ânimo tem a ver com isso? Você luta quando a necessidade bate na porta, não importa qual seu ânimo. Isso é coisa para gado, para fazer amor ou tocar *baliset*. Isso não serve para lutar". (Estou tendo o prazer de citar a cena de cabeça numa tradução livre, então, releve se eu tiver errado algo.)

Bom, não toco *baliset*, mas acho que até para escrever poesia é melhor não aguardar o ânimo chegar. Aliás, talvez seja o contrário, a gente se inspira exatamente depois de rabiscar, editar, polir imagens, lutar com os fonemas. É isso que faz o entusiasmo voltar a nascer no coração, nos sentirmos com deuses adentro.

Rascunho de poema para levantar o ânimo:

o café de quinta

histórias antigas em duas xícaras duras. o vento
e a ternura lambem minha raiva fresca. a mudança
é a nuvem escura, enquanto o mundo segue o mundo.

A poesia entrega-nos, enfim, as pedras escorregadias para pisar nas zonas desconfortáveis, o arrimo diante do assombro com a violência do destino, a mão no coração para segurar nosso fascínio pelo perigo nas paisagens e o abraço para lidar com a imutabilidade momentânea das coisas lançadas, cujo destino ainda tememos. Um momento de parada, entre uma onda e outra. Antes de a Mudança, com sua verdade, apagar tudo, mais uma vez.

A viagem e a literatura

Odisseia: visitar uma ausência em Porto Alegre

Quem não gosta de uma feira literária? Quando livros parecem ganhar uma tridimensionalidade festiva durante algumas horas mágicas? Inesquecíveis foram minhas idas às edições da Bienal do Livro de São Paulo, quando ainda era pequena. Ia com meu pai e meu irmão, fuçávamos nos estandes e ficava maravilhada com a quantidade de livros, principalmente os ilustrados.

Devia ser o final dos anos de 1980? Por aí, na Bienal, havia estandes de outros países. Lembro de ter ganhado um livro de colorir no estande da União Soviética — em todas as páginas, se observava uma camponesa de saia rodada e um astronauta com seu capacete nas mãos; e a cada página, o casal mudava a roupa, escolhendo trajes típicos de diferentes regiões da URSS, um livro de colorir para mostrar a extensão do território e a diversidade de seu povo. O que era fixo, no livro, era o foguete e os papéis de gênero, a saia e o capacete. Uma peça de uma época. Também me lembro de aprender, com um expositor de algum país árabe, a fazer a saudação *Salaam Aleikum* ("que a paz esteja contigo") e a responder *Alaikum As-Salaam* ("que a paz esteja com você"), palavras que repeti sozinha durante muitos dias pela casa depois da feira.

Ainda hoje, certa magia permanece. Estar nesses ambientes festivos segue uma celebração da força dos livros e da literatura. Como escritora, também é uma forma de se abastecer de forças e ideias, lavar-se das rejeições e do desânimo, além de estreitar amizades. Um festival que tem um espaço assegurado em meu coração é a Odisseia, um evento literário, afinal, se assim não fosse, como explicar a decisão de passar dias, durante os meses de inverno, em Porto Alegre?

A Odisseia de Literatura Fantástica é um festival com ênfase nas chamadas "literaturas de gênero", em especial, fantasia, ficção científica e horror. Embora a contribuição desses gêneros seja fundamental à imaginação em geral, no Brasil, seguem sendo observadas sob suspeita, talvez algum reflexo da fratura histórica em manter nossas ideias e aspirações dentro de determinada tradição imaginativa bastante rígida. Assim, a Odisseia não é só uma festa, mas também um respiro dessa interdição.

Não vou sozinha a Porto Alegre durante o inverno. O frio e a umidade reúnem pessoas de diferentes capitais brasileiras para conversar sem nenhum filtro sobre apocalipses, ecocídios, monstros, inteligências artificiais, algoritmos e outros planetas. Durante o festival, no centro histórico da capital gaúcha, ocorrem mesas de debate e uma feira modesta de livros. Em Odisseias, fiz grandes amizades para a vida entre cafés e doces excessivamente doces.

Na volta, trago sempre debaixo da língua o pronome: tu. Ele é capaz de durar umas semanas na boca. Antes de ir para Odisseias, também trouxe outras marcas comigo: há uns dez anos, trouxe minha primeira tatuagem da capital gaúcha, um camaleão na minha omoplata — um camaleão que não se transmuta, pois ficou preso na tinta escura, quase as letras na página de um livro.

Em 2019, minha última ida à Odisseia antes da pandemia foi marcada por uma ausência. Afinal, uma das pessoas que mais me recorda a cidade é minha amiga, irmã que a vida me deu, Vanessa Guedes — programadora, escritora, com quem divido muitas das imaginações delirantes. Entre a camponesa de saia rodada e o astronauta, nós sempre fomos astronautas (talvez até com uns bordados coloridos enfeitando aquele típico traje espacial, branco demais). A Vanessa estava na Suécia e não estaria mais ali naquelas ruas, embora algo na fala das pessoas sempre me engane. Era como se minha amiga fosse sair de um café a qualquer momento. Não sei se você já viveu isso, mas é estranho ir a um local em que tudo te lembra uma pessoa e aquela pessoa não está lá. Já te aconteceu?

Essa presença nítida da ausência me tomou com força em uma tarde. Devia ser o segundo ou terceiro dia de festival, as novidades da feira de livros já tinham sido vistas; os abraços, dados. Decidi sair do prédio e zanzar pelas ruas do centro histórico para desanuviar a cabeça. Puxei o zíper de meu casaco e, soltando uma nuvem de ar condensado pela boca, saí. Andei e andei pelas ruas perto do Guaíba, o famoso corpo d'água que lambe a cidade; um sol a pino que me arrancou o casaco e me fez suar pelos pés entre vitrines de lojas de roupa e restaurantes apinhados na calçada.

Em determinado momento, um edifício bonitão surge: era a Casa de Cultura Mario Quintana. Por ali devia ter um café, queria recarregar baterias, rascunhar coisas represadas em minha cabeça. Na fachada, algo lembrava vagamente a Casa das Rosas que deixei na Avenida Paulista. As duas tinham a marca do rosa — uma no tom rosado das paredes, a outra, no nome e no jardim. As semelhanças terminaram logo, pois a casa gaúcha era gigantesca, com muitos andares. Subi e desci as largas escadas internas, procurando um café e procurando me perder.

Em algum momento, decido sair. Um jardim. Ao percorrer o pátio, avistei umas banheiras antigas desativadas, servindo de largos vasos de plantas — os móveis pertenceram ao desativado hotel Majestic, prédio que deu origem à casa de cultura. Uma lembrança me fulminou: a Vanessa tinha me falado dali. Não podia ser outro lugar.

Então as banheiras armam suas máquinas do tempo? Quantos amantes não teriam se deitado ali dentro? Quantas viajantes cansadas não teriam se deitado naquelas camas aquáticas? Quantos adolescentes não teriam escrito suas primeiras histórias de amor naquele pátio? Depois descubro que as banheiras pertenceram ao desativado hotel Majestic, prédio que deu origem à casa de cultura.

Espio. Dentro das banheiras, estavam plantas aquáticas, imundícies, algas e outras geleias verdes nas bordas. Sinto uma indescritível vontade de enfiar a mão lá dentro.

O fascínio e o nojo, a marca do encontro.

Aquela sopa esverdeada me lembrava dos charcos de minha infância, cheios de gosma no fundo, de girinos, muito mais simpáticos que peixes, lindos, lépidos e minúsculos com suas caudinhas em plena transformação. Rascunho um trecho de poema:

> *fui visitar as banheiras da tua adolescência*
> *uma desculpa para turistar e não me sentir comigo*
> *largada num jardim, inundada de plantas aquáticas,*
> *pangeia ignorante sem saber que estão diante*
> *duma menina-mesma no passado com um novelo de girinos nas mãos,*
> *plena de tudo que é nojento e terno.*

Então, aquele era o famoso jardim. Era ali que a Nessa jogava RPG.

Olhei para aquelas banheiras, torcendo para preservarem seu poder de máquina do tempo. Que a Vanessa adolescente, que não conheci, pudesse sentir o orgulho da futura amiga anos depois, mirando seus passos criando histórias do RPG à literatura, de Porto Alegre a Estocolmo, um aprofundamento de destinos. Segui rascunhando versinhos e dei risada com a rima besta:

> *como contar para a miragem de você-mesma no passado,*
> *uma garota surreal, aprendendo a jogar rpg,*
> *que um dia vc verá a aurora boreal?*

O poema todo depois terminei e publiquei numa plaquete, *Monstruosidades — Tudo o que já falei e ninguém nunca escutou* (2019), pela saudosa editora nosotros,. Descobri depois que o jardim chama-se Jardim Lutzenberger, homenagem a José Antonio Lutzenberger, ambientalista de longa trajetória (1926-2002), que se empenhou em várias causas durante a vida, autor do pioneiro *Manifesto Ecológico Brasileiro: O fim do futuro?* (1976).

Naquele dia, ainda voltei ao festival. Guardava vários rascunhos de poemas no meu bolso e uma cabeça mais tranquila. Charco, charco, encharco. A astronautas, a paz no espírito, imagens por colorir.

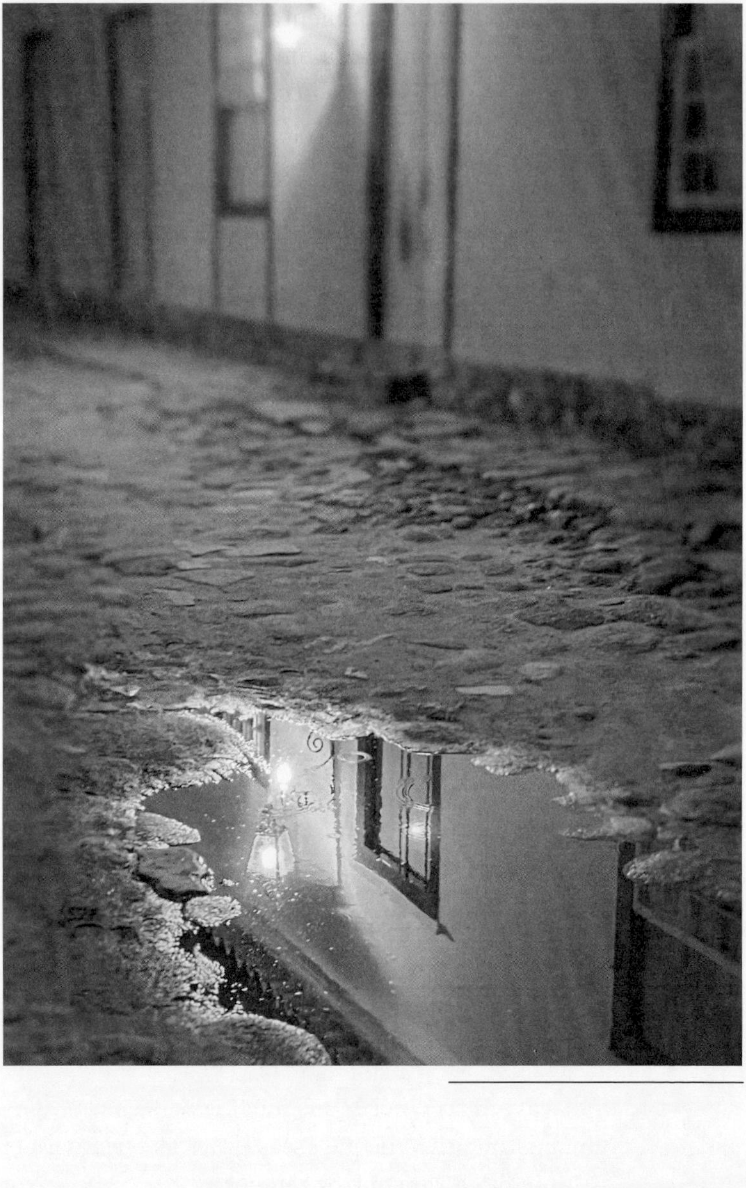

Uma festa em Paraty: uma vela e dois livros

Festas famosas

Não sei qual foi minha primeira Flip, a Festa Literária Internacional de Paraty, mas das 21 edições devo ter ido em metade. Afinal de contas, o município vizinho, Ubatuba, é um dos lugares de minha infância e adolescência e já escrevi mais de uma vez sobre aquelas montanhas. Um de meus livros de poemas, *Nós que adoramos um documentário* (2010), tem duas partes dedicadas a essa paisagem:

deus não me deu filho, nem destemor.
e a gente vive assim, o que não é morro é braçada de mar.

Dessa forma, tropeço naquelas pedras históricas há muito mais tempo do que a primeira famosa edição da Flip com o Chico Buarque em 2003, quando era cobrado ingresso até para assistir às mesas no telão. Fui ainda testemunha de edições em que fiscais ameaçavam recolher livros independentes vendidos nas ruas, com a justificativa de que essas práticas feriam a Lei Orgânica do Município. Eram outros tempos.

A trajetória da própria festa e dos hábitos de visitantes impôs uma nova forma de convívio. A programação alternativa nem é mais denominada como "off-Flip" e o logo oficial da Flip estampa qualquer conta de Instagram de quem simplesmente resolveu colocar os pés na cidade. As mesas de debate das casas independentes profissionalizaram-se e se tornaram parte indistinta da experiência como um todo, com mesas tão emocionantes quanto as que ocorrem no palco principal.

Em 2023, "já Flipei" ganhou o significado "já atravessei a ponte", fazendo alusão à Flipei, a Festa Literária Pirata das Editoras Independentes, do outro lado do canal, e até guardando uma relação ao verbo *to flip*, do inglês, "virar", "dar a volta".

Se o elitismo que marcava o início da festa ainda é sentido, afinal, a cidade histórica é um lugar caro para se hospedar e comer, as discussões literárias parecem ter se ampliado e cada pessoa pode construir a sua própria festa, encontrar o que gosta de ler e quem gosta de ouvir. E se tudo der errado, dizem que tem o passeio de barco.

A vela na bolsa e o bafo da crise climática na nuca

Sobre a edição de 2023, foi o Oscar Nestarez que matou: ficamos mal-acostumados. Afinal, um ano antes, depois de anos de pandemia, a Flip voltou ao presencial com direito a uma Prêmio Nobel flanando na rua, Annie Ernaux. O Lula eleito, naquele namoro nacional de início de mandato. Até mesmo jogos da Copa do Mundo aconteceram durante a Flip, numa espécie de universo paralelo, misturando futebol com discussões literárias. Abraçar pessoas tinha um significado especial.

Em 2023, o clima mudou. A crise climática onipresente faz-se sentir como o bafo de um demônio na nuca: ora soprando muito quente, ora bem gelado. Parecia um pouco a premissa da trilogia da N. K. Jemisin, *A terra partida*: em quatro dias, presenciamos todas as estações, do verão escaldante ao inverno friorento, com direito a um gostinho apocalíptico do apagão com temporal. Era novembro e para aquela edição, exerci a sabedoria de participar só de uma única mesa. Não tinha publicado livros novos e, assim, não fazia sentido me sobrecarregar bem no final de ano. Decidi participar de uma única mesa, justamente sobre *Crise Climática e Literatura*, meu tema de pesquisa, acompanhada de Gisele Mirabai, Thiago Ambrósio Lage e Sandra Abrano, um debate na Casa Libre — Liga Brasileira de Editoras. Conversamos com uma plateia atenta em uma casa no estilo colonial, com muitas vigas grossas de madeiras, que nos protegia da umidade pegajosa no ar. O centro da conversa: o poder da literatura em fornecer escala ao impensável. Como conseguir compreender a magnitude do que nos afeta como espécie por todo o planeta? Como imaginar possibilidades de vida distintas à rua de mão única do que se nomeia "progresso"?

A luz caiu, o temporal ensurdeceu as vozes humanas. O temporal que encerrou nossa mesa chancelou o fato inescapável: estamos em crise climática. 2023 foi o ano mais quente dos últimos 125 mil anos. Outros anos mais quentes virão.

Sob aquele teto, ganhamos um mimo da Graviola Digital: uma vela aromática, celebrando a bibliosmia, "ato ou gosto de cheirar o interior de livros", feita de cera vegana com notas de papel, tinta e cola.

Que sorte! Horas depois, um apagão abateu toda a cidade. A rede de celulares despencou e nem pagamentos mais eram possíveis, os sistemas bancários ruíram junto. A vela na bolsa foi um pequeno alívio, iluminando a mesa que compartilhava com amigas, já falando besteiras e rindo — o humor é o pano de prato que nos protege da assadeira pelando, o humor permite o toque em temas insuportáveis.

Após o apagão, voltei encharcada para a pousada que se resumia à fachada linda e um quarto caindo aos pedaços. Mesmo para quem adora andar na chuva (eu gosto), carregar livros autografados nessas situações não é muito recomendado. Com alívio e livros secos, tirei a roupa grudenta. Até pisar numa poça gelada. Descobri então que uma lâmina fina de água invadia a metade do cômodo: o frigobar tinha degelado com a falta de luz e o xixi do eletrodoméstico escorria por todos os lugares.

Dizem que a Flip tentará alterar a data para evitar o excesso de chuvas, embora esse tipo de desastre siga cotidiano por ali. Quem mora nos litorais daquela faixa já não se espanta com nada daquilo, seja gente, sejam outras espécies. Ou mesmo com os morros que desbarrancam, invadindo as estradas que serpenteiam nessa área. Cito mais um trechinho daquele meu livro de poemas, o *Nós que adoramos um documentário*:

> *e a gente fica aqui com esse monte de morro nas costas*
> *chove, turista não gosta, mas eu gosto.*
> *esconde aquela ilha que te falei.*

Inundar-se de alegria e de caos

Durante conversas de bar, tentamos reunir a sabedoria popular sobre coisas que não seriam recomendáveis para fazer numa festa literária.

Por exemplo, que não é de bom tom marcar um *date* no cais deserto às 3h da manhã, ainda mais se for do tipo *blind date*, aquele tipo de encontro em que não se conhece ainda a outra pessoa. Também não é inteligente marcar de encontrar suas amigas numa das mesas mais cheias da programação, especialmente quando chove torrencialmente. Também não é recomendável usar seu melhor e mais bonito calçado para andar naquelas pedras.

De qualquer forma, a melhor regra é não cumprir regra, mesmo sobre coisas irrecomendáveis, pois estar numa festa é um ato criativo, individual e intransferível, tão pleno de alegria quanto inundado de caos.

No meu caos alegre, algo que sempre me encharca de entusiasmo é poder contar ao vivo: seu livro é bonito demais. É bom celebrar pessoas em vida. O que me leva a uma pequena digressão como fecho: quando a Hilda Hilst faleceu, em 2004, eu era uma jovem advogada. A notícia de seu falecimento me atravessou como um raio no meio de um dia no escritório e terminei indo chorar no banheiro. Parte das lágrimas era de amargura. Como pude ter perdido a oportunidade de encontrar, em vida, uma das poetas que me constituía? Como pude ser tão trouxa em não buscar a conhecer em pessoa, enquanto tinha tempo, e declarar: sua poesia risca minha poesia? O crocitar do "nunca mais" me trouxe uma lição amarga: quando puder, celebre as pessoas que você admira em vida.

Assim, entre as montanhas e o mar, a festa literária nos oferece esses encontros. Escutar as nossas pessoas admiráveis. Agradecer às montanhas que sustentam o céu. Largar-se ao inusitado, deixando-se levar pelas entidades que movem misteriosamente aquelas pedras tropecentas de Paraty.

Viver também é estar encharcada de alma, desconfortavelmente feliz.

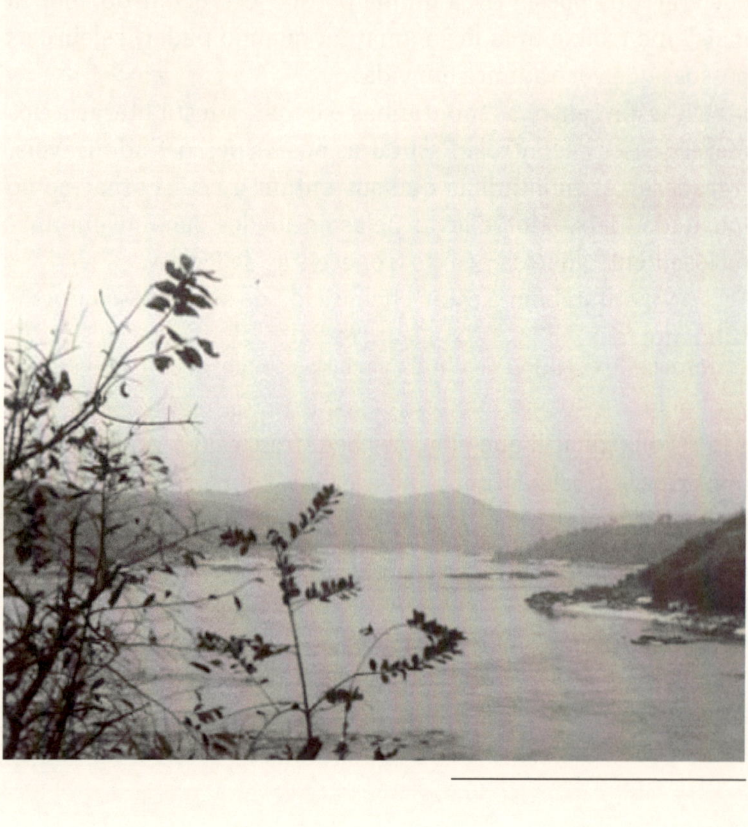

Quem nunca quis sacar um quatre-vingt-deux?

A ecologia nos enlouquece. Aprendi essa noção com o Bruno Latour (1947-2022), um sábio que, depois de uma longa trajetória de estudos nas mais variadas áreas, escolheu a ecologia como morada da mente e do espírito. Com um tipo de paixão revolucionária que julgo ser bem francesa, o velho filósofo discorreu, em seus últimos anos de vida, sobre o atual estado de catástrofe, a existência do Novo Regime Climático, o sombrio reinado do Antropoceno, afirmando: "Se a ecologia nos enlouquece, é porque na verdade ela é uma alteração da alteração das relações com o mundo".

Arrisco completar: a ecologia nos enlouquece, pois nos tira a linguagem. Como pronunciar "natureza" se esse meu teclado de plástico veio de materiais que denominamos justamente de "natureza"? Nada mais "natural" do que o cimento das paredes de minha casa. Meu amigo George sempre comenta, tudo o que enxergamos nos prédios das cidades é "natureza". Como pronunciar "inteligência" se os poderosos magnatas do mundo criam bunkers para situações dramáticas do clima e não estão nem aí se o resto vai para o beleléu? Como pronunciar "meu corpo", se dentro de mim há uma biota com mais seres vivos do que as estrelas que consigo enxergar a olho nu? Aliás, se estiver numa cidade poluída do Terceiro Mundo, nem estrela mais verei no céu.

Leio as palavras sábias de Bruno Latour em tradução, uma forma de possibilitar nosso convívio com línguas ausentes. O francês terminou sendo uma língua que "um dia aprendo". Minha preguiça com uma ortografia cheia de letras e com regras misteriosas sobre pronúncia me afastou desse universo linguístico. Entretanto, há uma paixão específica que admiro ali, um senso de revolução, talvez? Aquilo que imputamos ao que não compreendemos. Será que as línguas que não compreendemos também traduzem nossos anseios? Não sei, mas me recordo de coisas emotivas, do inesquecível *O fabuloso destino de Amélie Poulain*, filme de Jean-Pierre Jeunet; os capa e espada de Alexandre Dumas; passando pelas ideias de Marguerite Duras em *Escrever*, falando bem de amantes e mal de nazistas. Observo uma imagem bonita do Latour e minha boca curva-se involuntariamente. Do francês, o que mais admiro é um tipo de sorriso maroto-misterioso que gostaria de saber pronunciar em meu rosto.

A primeira vez em que estive em território francófono foi em Kinshasa, capital da República Democrática do Congo, um lugar em que o céu esteve nublado por dias, uma garoa que não caía, e o rio era imenso. Nas experiências linguísticas, lembro de ter tentado negociar com o vendedor de legumes o preço do pepino. Haviam me dito antes que pechinchar era de bom tom. Não tinha a menor prática nisso. Vermelha e atrapalhada, mostrei notas, gesticulei dizendo *concombre* ("pepino", em francês) e, como nada parecia dar certo, dizia *quatre-vingt-deux* ("82"), pois quem nunca teve vontade de dizer números sem o menor sentido em voz alta?

Foi o Pelé quem destravou o preço e trouxe um sorriso no rosto do vendedor, diante da minha cartada final: *je suis brésilien*. Ninguém nunca espera um "sou brasileira" desse meu rosto de bochechas rosadas e cabelo escorrido; ainda mais no masculino, fui aprender a declinação no feminino bem depois (*je suis brésilienne*) — a gente nunca perde uma boa oportunidade de passar vergonha. A revelação e o futebol do rei ainda me renderam acenos de *bonjour* ("bom dia") ao longo de minha estadia e um maço de alface de brinde em uma outra compra.

Nessa época, lembro de ter aprendido a palavra *ebale* ("rio", em lingala), o que me dava alegria ao entender o destino de algumas placas na rua, um fato que não tem a ver com francês, mas também tem muito, uma língua submersa pela outra. Alguns anos depois, aprendi com Ailton Krenak, nosso maior filósofo vivo, que "rio" também pode significar "meu avô" em outro idioma: "o rio Doce, que nós, os Krenak, chamamos de Watu, nosso avô". Até faz bem uma certa lentidão em acessar esses mundos suavemente incompreensíveis, como se os anos nos respondessem perguntas em bocejos. A aquisição de linguagem escorre por uma vida toda.

Numa derivação dessa conversa, acho um pouco de graça quando as pessoas temem tanto tradutores automáticos. Como se "Máquina" fosse diferente de "Natureza". Claro que tenho medo de perder minha ocupação para um programa, aposto que logo um software dará aulas muito melhores que as minhas e escreverá textos muito mais comoventes. Entretanto, não acho que isso seja novidade, daí achar graça no espanto, pois essa mudança de relação está absolutamente dentro do espírito do Antropoceno. A substituição do mundo por meio do controle e subjugação. A palavra "Máquina" geralmente serviu para esconder a crueldade da lógica dos poderosos magnatas, os mesmos que constroem agora bunkers quando o beleléu vier para valer. Essa gente geralmente enriqueceu controlando e subjugando por séculos a "Natureza", incluindo os "rios" e os "avós dos outros". Nos dias atuais, essa gente mantém a posse de chaves da linguagem, a exemplo da programação de algoritmos. Afinal de contas, são essas chaves que fizeram que "Máquina" fosse diferente de "Natureza".

Pensar o poder é o perigo da lucidez. Voltando ao Bruno Latour, talvez por ele ter habitado altas camadas do sistema hegemônico e por fazer esses mergulhos investigatórios em tantas paisagens, das terras californianas ao cerrado brasileiro, o filósofo francês compreendeu muito bem a irracionalidade da coisa toda. A crueldade sistêmica. A insustentabilidade de um modo de vida. Assistimos, nas palavras do sábio falecido, uma profunda mutação em nossa relação com o mundo. Fico pensativa se o francês saberia pronunciar a palavra "rio" em muitos outros idiomas. Provavelmente sim. Tento pronunciar aquele seu sorriso em meu rosto. A filosofia é a ciência de revolucionar palavras dentro de uma mesma língua.

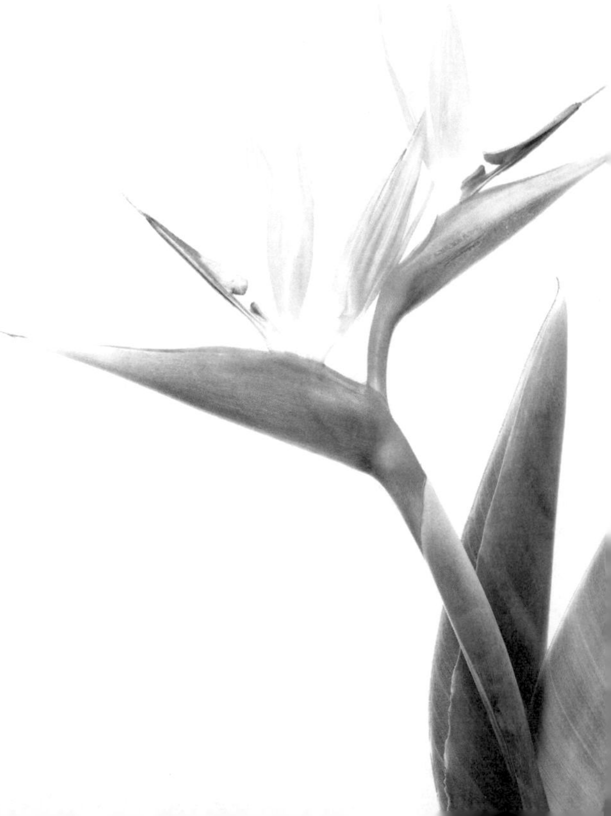

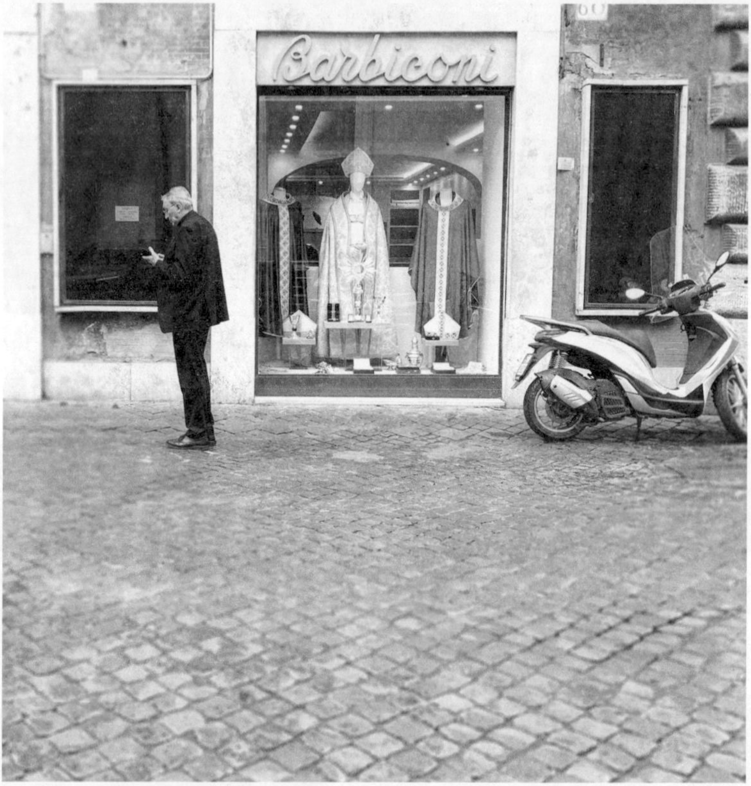
Barbiconi
60

Pessoas lindas em todas as partes: um museu no Chile e uma feira na Itália

Uma frase para guardar no passaporte

Devia ser 2016, o dia estava frio e ventoso em Santiago do Chile. Caminhava em um bairro afastado do centro da cidade, por ruas planas e calçadas com poucas árvores, guiando-me por um mapa anotado num caderno. Com algumas desviadas no percurso, cheguei finalmente ao espaço comunitário autogerido que procurava. Um terreno limpo, com uma cozinha improvisada, um cantinho para crianças brincarem e com algumas cadeiras de plástico. Estava ali para encontrar um amigo. Devo ter decidido me sentar para esperar, pois me lembro até hoje das cadeiras de plástico ou talvez por ter feito antes um passeio e tanto.

Vinha de uma visita ao Museu da Memória e dos Direitos Humanos. Tinha ficado algumas horas zanzando por lá até me cansar e me embrenhar nas linhas de metrô e chegar a esse espaço comunitário. O museu era um paralelepípedo de vidro, um objeto imenso que pousou levemente no concreto de sua praça, onde estão gravados nomes de pessoas desaparecidas — meus muitos anos trabalhando na Avenida Paulista não evitaram que enxergasse certa semelhança com o vão do MASP, um dos corações políticos de minha cidade. Dentro, o museu chileno recebe a luz solar nas paredes e nas vigas, cujos materiais lembram galpões e fábricas, com uma mensagem central: abordar as violações de Direitos Humanos durante a ditadura de Pinochet.

Devo ter ficado um bom tempo sentada, aguardando meu amigo no centro comunitário (tenho uma maldita mania de chegar cedo em compromissos, agravada quando estou fora de casa). Até que me cumprimentou uma garota de uns vinte anos, cabelo preso num rabo de cavalo, camiseta clara e calça jeans. Diante do boa-tarde sorridente, logo me apresentei. Ela tinha uma vaga noção de quem eu era, "a brasileira". Começamos a bater papo, logo estávamos falando a respeito do museu. Mostrei minhas anotações e fui contando sobre os vídeos e documentos. A garota parecia estar muito bem informada sobre as exposições e me animei com sua simpatia, naquele espírito latino-americano de jogar conversa fora.

Pergunta vai, pergunta vem, decidi saciar uma curiosidade com a testa franzida e indaguei, "quem era Víctor Jara?", um nome onipresente nos painéis.

"Um cantautor", me explicou a interlocutora, "uma pessoa que tanto compõe quanto canta", e foi me dando detalhes sobre essa manifestação artística tão política.

De uma vez só, sem fazer rodeios, ela me contou o que fizeram a Jara.

O mês era 1973. Depois do golpe de 11 de setembro, que contou com o traumático bombardeio do Palácio de La Moneda por aviões da força aérea chilena, os militares encerraram pessoas consideradas dissidentes em diferentes pontos da capital. Dois destes lugares foram o Estádio Nacional e o Estádio Chile (hoje denominado "Estádio Víctor Jara"). A Cruz Vermelha estima que, num único dia, passaram sete mil pessoas só pelo Estádio Nacional. Pessoas foram torturadas e mortas, dia após dia, naquelas arenas.

Isso tudo eu havia compreendido nas exposições do museu. Mas sobre o destino de Víctor Jara, quem me contou foi a garota de olhos grandes e claros:

— Esmagaram suas duas mãos.

Depois sugeriu: "para que não pudesse mais tocar". Com o vento, meus olhos se encheram de lágrimas.

Muito tempo depois, eu iria escrever um artigo sobre como Margaret Atwood usou esse fato histórico no seu livro *Os testamentos*. O livro da canadense é uma sequência da narrativa de *O conto da aia*, distopia de 1985, e lembraria dessa explicação da garota chilena.

Ficamos em silêncio. Ao nosso redor, uma horta comunitária com ervas-daninhas floridas.

Mudando de assunto, a garota contou que sabia quem eu era. Meu amigo havia comentado antes. "Você veio do Brasil, que longe." Assenti.

A garota achou engraçado e então disse:

— Que bom que existem pessoas lindas em todas as partes!

Dei uma risada, nunca sei reagir bem a elogios. Aliás, seria um elogio? Afinal de contas, a "pessoa linda" era minha interlocutora.

A frase me marcou. Apesar de tudo, dos passados horrendos e das crueldades vigentes, pelo caminho, sempre encontramos quem se importe com a resistência presente em algumas histórias. O que faz diferença. E as queira diferentes num futuro, num agora. Justamente como aquela garota, que me explicou tanto sobre a história sul-americana em tão poucas palavras. Nem sei seu nome ou lembro da fisionomia. Mas guardo suas palavras junto ao passaporte.

As pessoas lindas. Em caso de dúvida no caminho, sempre respiro e torço para que apareçam. Nunca falha. Deixo a frase para você, caso precise um dia.

Mundo passageiro: da janela do trem na Itália

É maio de 2023. Saio de Roma para ir a Turim, onde haverá o Salão Internacional do Livro. Segundo dia de Itália, onde consigo compreender o que as pessoas falam, mas não as responder. O inglês volta a ser a moeda de câmbio. Estava ali para acompanhar o lançamento do *Telempatia*, a tradução de minha novela *A telepatia são os outros* ao italiano, feita pela Gabriella Goria, a ser lançada pela FutureFiction, em uma das maiores feiras de livro da Europa. O enredo do livro passa-se no Chile, mas é um acaso.

Descobri que meu editor local, o Francesco Verso, havia me mandado a seguinte mensagem: "muitas viagens de trem foram canceladas pela chuva, saia mais cedo". Em São Paulo, as linhas da CPTM, a Companhia Paulista de Trens Metropolitanos, vivem parando por conta de temporais. Durante muitos anos vivi isso quando ia ou voltava do trabalho pelo caminho de ferro que ladeia a imunda Marginal Pinheiros. Dessa forma, achei que ocorria o mesmo ali, no deslocamento de Roma até Turim.

Seguindo as instruções, me apressei para chegar em Roma Termini com larga antecedência. Naquela estação central, o caos imperava. Nos painéis, a maioria das linhas piscava um "cancelado"; nos saguões, a gente amontoada xingava os painéis em diferentes idiomas. Sobre meu trem, nem uma linha.

Usei o velho mantra "se um problema não tem solução, solucionado está". Fui gastar meus parcos euros num café expresso amargo demais, um péssimo plano, por sinal. Em Roma, as pessoas viram o expresso como se vira uma dose de tequila, de uma vez só, e se você fica enrolando no balcão, as garçonetes reviram os olhos, *ah, turisti*.

Com as horas, a multidão diluía-se, as filas imensas de remarcação de passagens melhoraram e, mesmo que eu estivesse na classe "supereconômica", finalmente despontou o número nítido da plataforma. Viagem confirmada.

Embarquei. Com o acesso ao wi-fi, pude ler uma mensagem de meu pai, enviada do Brasil. Com a leitura da notícia internacional, pude finalmente entender a magnitude do que me rodeava: chuvas implacáveis mataram pessoas e deixaram mais de 10 mil desabrigadas na região de Emília-Romanha. Consumi inúmeros vídeos de salvamentos, fotos e muitas outras notícias. Pela janela do trem, avistamos plantações e estradas alagadas. Minhas companhias de vagão balançavam a cabeça, murmurando preces ou coisas ininteligíveis, muitas com lágrimas nos olhos.

Por ironia, um dos motivos de ter ido à Itália, além de autografar o *Telempatia*, no famoso Salão do Livro de Turim, era também falar e pescar informações para minha pesquisa de pós-doutorado sobre literatura e crise climática. Infelizmente, durante os próximos dias, não foi difícil conseguir atenção sobre o tema, seja no estande da editora ou num bate-papo numa livraria. Havia muitas pessoas com famílias afetadas pela catástrofe. No meu celular, guardei uma foto dos campos submersos. Não ficou boa. Uma memória afetada pela desolação.

As pessoas lindas e o Salão de Turim

Em Turim, foram quatro dias incessantes de chuva fria. Minha bota brasileira terminou rachando ao meio, despreparada para o cenário, e bolhas no mindinho e no calcanhar surgiram com as meias úmidas. O *look* foi jogar todos os casacos em cima ao mesmo tempo, finalizado pelo pobre guarda-chuva vermelho, emprestado do Francesco Verso, meu heróico editor. Mas nada me faltou. As pessoas lindas desse mundo estiveram comigo. Afinal, estão em todas as partes.

O Salão Internacional do Livro em Turim é uma feira europeia imensa, voltado ao mercado local. Quatro pavilhões e não sei quantos eventos simultâneos. Escapei praticamente ilesa de gastar com livros, pois a maioria era em italiano. Me emocionei ao ver Ailton Krenak e Conceição Evaristo em edições locais. Trouxe comigo um livro de poesia finalista do Prêmio Strega, para treinar tradução: *L'amore da vecchia*, de Vivian

Lamarque. Havia alguns "poemas ferroviários" curtos. Lendo a poeta premiada, me animei a fazer um também sobre a viagem:

diante do mundo passageiro

de bota furada, o guarda-chuva sorri
corre a corredeira e suas flores forasteiras
molhado, o mundo inteiro calçado de mudança

O estande de minha editora, a FutureFiction, grande e vistoso, postava-se logo na entrada de um dos pavilhões, com telas largas e muitos exemplares em exposição. Do balcão, eu soltava a isca do *"ciao"*, mas puxava o papo em inglês. Dava certo. Bastante gente veio conhecer a obra. Autografei muitos livros e vendemos todos os exemplares de *Telempatia*.

Apesar da chuva sem trégua, minhas companheiras italianas de estande e de hospedagem tinham o sol adentro, meu editor sempre ali, falando animado sobre as publicações. A FutureFiction juntava muita gente, até o Bruce Sterling, um famoso autor estadunidense cyberpunk, passou pelo estande — conversamos sobre o Brasil, ele mencionou o trabalho do Roberto Causo, estudioso e escritor de ficção científica que também admiro muito. Como a editora trabalha com quadrinhos, havia quem ilustrasse ao vivo. Assim como a visita de tradutores e escritores da China, Estados Unidos e França.

Em uma noite, fizemos um bate-papo numa livraria no centro de Turim. Muita gente reunida na expectativa de escutar autores vindos do Brasil e da China para falarmos sobre ecologia e imaginar futuros diante da crise climática. Chegamos naquela molhadeira gelada e fomos recepcionados com chá quente e doces, bem à moda de livrarias independentes, que criam comunidades para aquecer o coração.

A conversa transcorria em inglês. Um rapaz levanta a mão e me pergunta o que fazemos com as *externalities* no Brasil. Olho para o meu editor pedindo ajuda. O que seriam essas externalidades? A palavra compreendi, o sentido me fugia. O Francesco pensou um bocado e soltou uma risada amarga, "bom, no Brasil, as externalidades são internalidades", explicou, comentando que os danos causados por atividades exploratória e fabril, entre outras, as externalidades, como a poluição do ar e o envenenamento do solo, terminavam ficando no próprio continente latino-americano. Meu pensamento voa para Cubatão, as longas chaminés ao pôr do sol, uma visão tomada de um terrível senso do sublime invertido, quando nos sentimos minúsculos diante da fumaça unindo-se ao laranja do céu; para o esgoto a céu aberto da imunda Marginal Pinheiros, caminho de ferro da CPTM, com suas capivaras a mirarem o fedor e o capim; para os vídeos de bombeiros, narrando o estouro da barragem em Brumadinho; para os poemas do Marcelo Ariel, naquele momento dizendo o indizível, "só existe uma caveira formada por todas as caveiras / só existe uma rosa formada por todas as rosas". Naquele momento, na livraria apertada entre as tempestades inclementes, não consegui acrescentar muito a não ser dizer, "leiam Ailton Krenak, está traduzido ao italiano".

Ao final da conversa, seguimos falando sobre a pergunta. Escutei bastante — muitas pessoas mantinham projetos de educação, enquanto comíamos doces com o chá ainda amargo. A comunidade da livraria, com seus abraços, sorrisos e gestos tecidos por muitas pessoas, afastava o desânimo.

A desesperança é muito perigosa, pois faz com que a gente se contente em simplesmente desistir de tudo. Todas as pessoas possuem seu papel nesta imensa crise, onde quer que vivam, seja qual for sua ocupação. É como a escritora nigeriana Chinelo Onwalu clamou uma vez, em um seminário acadêmico, "é melhor fazer alguma coisa do que não fazer nada". No fundo, o sistema quer de nós justamente uma imobilidade do "não é possível mudar". Isso já estava no veneno das palavras da Margaret Thatcher, "não há outra alternativa" (ou seja, somente há o caminho do neoliberalismo). A literatura, apesar de parecer inócua, tem um papel relevante nessa conversa. Mostrar que sempre há alternativas. No início, imaginárias, fantasiosas. Mas é a partir do sonho e da fantasia que tecemos nossa realidade. Nunca faz mal praticar o otimismo do impossível. É o que nos retira do estado de paralisia diante da catástrofe.

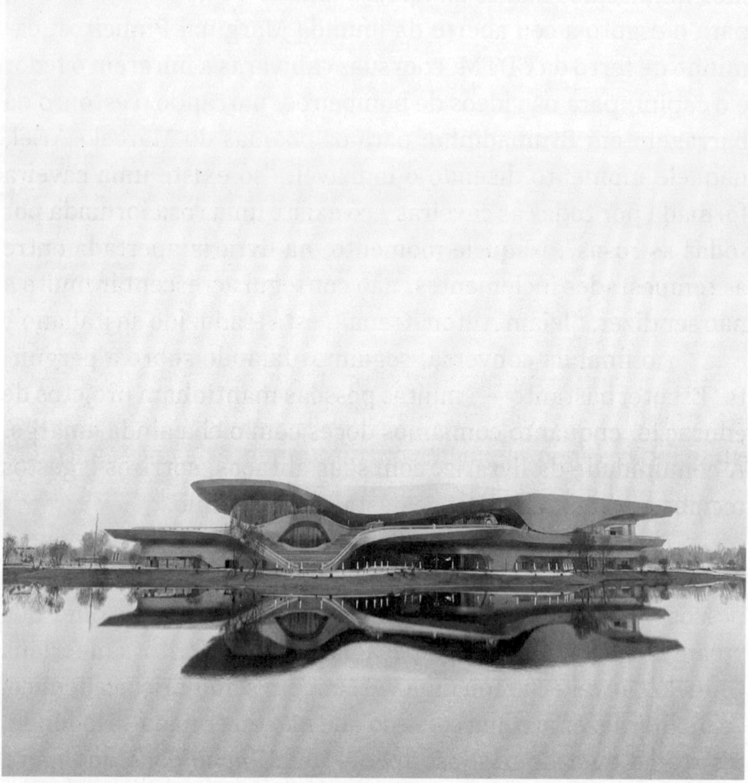

A China e a tridimensionalização de afetos

Direto de um engarrafamento no México

Abro um áudio no WhatsApp. Logo, um *"hola"*, com a voz inconfundível da Gabriela Damián Miravete, pedindo desculpas em mandar a mensagem de voz, diretamente de um engarrafamento monumental no trânsito da Cidade do México. Era 2023. Conheço a Gabi por milhões de projetos on-line mesmo antes da pandemia, mas nunca estivemos em carne e osso juntas. Aquilo iria mudar, pois havíamos sido convidadas para a 81ª World Science Fiction Convention na China — a famosa "Worldcon", a mais importante e longeva convenção de ficção científica, fantasia e horror do planeta, sempre finalizada pela entrega do prêmio Hugo, uma espécie de Oscar da ficção científica.

O áudio havia chegado num grupo de WhatsApp, formado por escritores latino-americanos convidados para a convenção. Não nos conhecíamos em carne e osso (com exceção do peruano César Santiváñez), mas nos conhecíamos em timbre de voz e imagem por muitas leituras e eventos on-line. Inclusive, muitas haviam já participado com textos em minha newsletter, a *Anacronista*: o César escreveu sobre o tempo em espiral; o chileno Leonardo Espinoza Benavides, sobre seu encontro com

Kim Stanley Robinson nos EUA; e a argentina Laura Ponce, sobre o filme *Argentina 1985*.

No áudio, a Gabi, além de contar sobre as muitas conexões de voos que iria enfrentar, nos deixou esta constatação:

— É emocionante que estes laços, feitos durante anos de pandemia, vão justo se tridimensionalizar no outro lado do planeta, na China.

A Gabi se emociona e me emociono junto. Ela completa:

— Se isso não é ficção científica, não sei o que é.

É isso. Pela primeira vez, encontraria pessoas com as quais trabalho ou leio há muitos anos. Aquelas letras e imagens na tela iriam se tridimensionalizar. Minha casa e lista de tarefas tinha *post-its* com a palavra "China" por todos os lados — detalhes para resolver, aplicativos para instalar, documentos para imprimir, coração para apaziguar.

Num supermercado em Buenos Aires

Para viajar, um dos desafios foi instalar o WeChat, um aplicativo central na vida chinesa, com o qual se paga todo tipo de contas (dinheiro vivo quase não é mais usado, principalmente em comércios de rua). Além do aplicativo ser o canal de comunicação geral com pessoas. Para instalar o app, você precisa que alguém te aprove. Mas precisa ser: (a) alguém que tenha uma conta antes e que (b) não tenha aprovado nenhuma outra pessoa no mês. Ou seja, ferrou. Como iríamos encontrar pessoas com essas qualidades e configurar cartões de crédito ainda antes de viajar?

Aos poucos, fomos conseguindo. Afinal, uma de nossas grandes tecnologias latinas é criar laços e comunidades. A Laura, por exemplo, foi assuntar isso do aplicativo num supermercado com donos chineses, na esquina de sua casa em Buenos Aires, aproveitando-se que ela sempre puxava uns dois minutos de conversa fiada por ali. O filho dos donos do mercadinho a ajudou com a instalação. "Isso é América Latina, são as pessoas que nos salvam, os laços e a ajuda mútua", nos escreveu.

Repetindo o mantra, "a gente vai conseguir", nossa matilha de pandas latinos fomos logrando domar o caos para esta viagem longa, os vistos, os aplicativos, a certa serenidade para arrumar malas. Uma viagem da qual talvez eu nem tenha exatamente voltado.

Acordando com o Museu da Ficção Científica de Chengdu

Aterrissei na cidade de Chengdu, situada na província chinesa de Sichuan, a terra do urso panda e de céus cinzentos com nuvens arrebanhadas pelas altas montanhas vizinhas. No mapa, Sichuan fica no Sudoeste, caminhando quase até os Himalaias, e Chengdu é o ponto de sua capital. Quando saí do aeroporto, já vi outdoors sobre a convenção. Depois, descobrimos mais placas nos pedágios nas estradas. Nosso panda espacial, o logo do evento, segurava suas constelações em muitos lugares. Muita gente de outras partes da China também veio prestigiar o evento.

O *jet lag* de onze horas de diferença fez com que acordasse sempre antes do sol e espiasse pela janela o cenário impressionante: o Museu da Ficção Científica de Chengdu. Construído ao redor de um lago, com direito a uma praia e pontes, projeto de Zaha Hadid, o museu situa-se na Avenida Ficção Científica, apontando a importância concedida ao gênero pelo governo local.

Como dimensionar o museu? O diâmetro é de 59 mil m², o dobro do nosso carioca Museu do Amanhã, ou como explica meu amigo, o engenheiro Thiago Ambrósio Lage: "se eu disser que uma pessoa andando depressa leva 20 minutos para dar a volta por fora dele, faz mais sentido. Seria o ano-luz, mas na forma de minuto-caminhada". Na mescla ancestral e futurística, as linhas fluidas do museu fazem a edificação flutuar no lago que o circunda, recobertas com metais e espelhos em um desenho de uma nave espacial que se funde em um templo budista.

Na primeira noite, que meu ciclo circadiano lia como qualquer outro período do dia, tive a sorte de presenciar uma das festas de inauguração do museu das margens do lago: um festival de luzes e drones digno de uma abertura de Olimpíada, com vias interditadas para carros e muitos telões. Se era emocionante para a comunidade local de ficção científica, imagine para mim. No domingo de minha chegada, sozinha durante o show de luzes à noite, com muita gente em volta do lago, chorei como as crianças pequenas no escuro.

Tradutores de bolso

Sendo uma das primeiras a chegar para a convenção, aproveitei para zanzar pela cidade. O cenário de céus enevoados envolvia tudo num ar de sonho, numa atmosfera diáfana. Enquanto no Brasil, meus amigos sonhavam, eu tentava acariciar o véu da realidade ao meu redor.

No primeiro dia, decidi ir ao centro da cidade. A viagem era longa e o trânsito, pesado. O motorista de táxi ditava graciosamente ao aplicativo de tradução automática no celular, como se ditasse um telegrama capaz de mudar os rumos de uma negociação internacional. Logo, as sílabas preciosas em inglês se formavam na tela. Agradeci e fotografei a tela: ali estavam todos os dados, um tutorial para entrar no Templo de Wenshu.

Então, o motorista me perguntou, "você está aqui para a convenção de ficção científica?". Admirada com a pergunta, afirmei que sim. O motorista insistia para que eu conhecesse mais coisas que minha estadia e meu bolso podiam dar conta. Depois de um tempo, esquecemos que não falamos o mesmo idioma. A ficção científica inventou palavras como "robô", "robótica", "ciberespaço" e outras. Ao conversar com esse motorista tão gentil, fiquei imaginando as próximas. Ainda não consegui pronunciá-las, mas essas sensações já fazem cosquinha na minha língua.

Tradutores automáticos, como os humanos, também erram. Num dia, uma camareira insistiu com meu amigo César para limpar o quarto no hotel durante à tarde. Ele respondeu que não precisava, estava tudo bem. A camareira insistiu, usando o tradutor no celular, e saiu uma frase com a expressão "bolsa de valores". Diante daquilo, meu amigo se rendeu aos gestos, "claro, claro, por favor, pode entrar".

Voltando ao passeio, o monastério de Wenshu é muito conhecido e, num domingo, a população vai rezar, agradecer e tomar chá com suas garrafas térmicas e sementes de girassol. Quase não há turistas ocidentais, mas há muitos sorrisos. Que me perdoe a Igreja Católica, mas concluí que um templo budista era muito mais agradável num centro de cidade.

Em determinado momento, quis tirar uma selfie com uma estátua de dragão. Não consegui encontrar o ângulo. Então, pedi para três senhoras me ajudarem. As três olharam para mim detidamente, fizeram cálculos, pediram para soltar o cabelo, pediram para eu me mexer, ir para o lado. Eu só queria uma foto com o dragão, mas a coisa ficou séria. Quando o concílio fotográfico se deu por satisfeito, as três sorriram muito e aprovaram. Na verdade, fiquei com vontade de fotografar o trio, mas me bateu uma vergonha. Acenei, agradecida. Decidi que as inscrever aqui também é uma forma de fotografia.

Inundações no bloco de notas

A província de Sichuan ainda guarda uma das maravilhas da China: o Sistema de Irrigação de Dujiangyan, construído no ano 256 a.C, considerado patrimônio mundial da UNESCO. Não consegui visitar a área (era uma viagem relativamente longa), mas me pareceu algo fenomenal: um sistema que divide as águas caudalosas das montanhas, criando um rio externo e um rio interno, prevenindo a região de enchentes e abastecendo a área de irrigação. Estava escrevendo um conto extenso justamente sobre enchentes e aquela obra, tão antiga, me causava algo na alma.

Daqueles dias, guardei uma anotação no bloco de notas do celular, sobre acontecimentos do outro lado do globo:

"São 5:43 desisti de dormir e vou descer para a sala de musculação. O sol somente sai às 7h, mas paciência, meu corpo não sabe esperar. Chorei lendo uma reportagem sobre a atuação de profissionais da psicologia no Vale do Itajaí, atendendo as vítimas das enchentes.
O dia era 17 de outubro de 2023.
A psicóloga Daielle Marion fotografou um cartaz escrito à mão:
'Se não temos o sol todos os dias, temos uns aos outros'.
Colocando a água para esquentar e fazer café, ainda chorei pensando nisso, no céu nublado, ainda escuro, lá fora."

Uma convenção mundial

Escrevi para o PublishNews sobre a convenção. No texto, ressaltei uma observação comum: "Finalmente colocaram o 'world' na WorldCon" (finalmente colocaram a palavra "mundo" na Convenção Mundial), era o que mais se escutava no café da manhã e nos corredores, comentário irônico sobre a centralização histórica do evento nos Estados Unidos. Em 81 anos, houve doze edições fora dos EUA e, só para ilustrar a desproporção, ocorreram oito só na cidade de Chicago. Fora do eixo anglófono, somente Alemanha, Japão, Finlândia, Países Baixos, além da China, sediaram edições.

Por lá, impressionante o trabalho de intérpretes, pois o idioma oficial foi o inglês, essa língua franca, moeda de câmbio entre tantas pessoas. Isso não me impediu de me emocionar ao escutar tantos idiomas diferentes no café da manhã — do árabe ao coreano, do francês ao italiano, das gentilezas em alemão, fora o matraquear incessante em espanhol ali de nossa matilha de pandas latinos. Reencontrei meu editor italiano, o Francesco Verso. Estar naquele outro lado do globo permitiu a participação de escritores e editores da Coreia do Sul, Índia e Japão, além de países pouco representados, como Arábia Saudita, Nigéria e Romênia, embora o bloco dos EUA fosse ainda o mais numeroso. Em minhas notas, tenho uma frase do editor estadunidense Neil Clark: "A ficção científica não conhece fronteiras entre países, não pertence a uma única tradição".

O público numeroso juvenil aclamou todas as aparições de Cixin Liu, convidado de honra do evento, autor do premiado *O problema dos três corpos*, trilogia adaptada para a Netflix pelos mesmos criadores de *Game of thrones*. Não consegui me aproximar do escritor, sempre rodeado de uma galáxia de fãs.

Importante mencionar também o trabalho das autoras chinesas, a exemplo da Regina Kanyu Wang (que já participou do festival brasileiro Relampeio), e da Sara Chen, escritora, editora e uma das organizadoras deste evento imenso.

Em especial, me recordo de uma das mesas em que participei, um debate sobre literatura na América Latina, bem disputado pelo público chinês, com muitas pessoas fluentes em espanhol. Éramos quatro mulheres: Gabriela Damián Miravete (México), Laura Ponce (Argentina), Tanya Tynjälä (Peru) e eu, além do Leonardo Espinoza Benavides (Chile). Depois do bate-papo, um grupo de garotas chinesas veio me perguntar se as mulheres eram a maioria entre as escritoras no nosso continente. Eu ri muito e expliquei que "não, foi um acaso".

Deu vontade de mentir.

De volta aos corpos de duas dimensões

Voltar demorou e veio com uma gripe terrível. Comprei dois pacotes de café para minha mãe na conexão na Etiópia e os esqueci no aeroporto. Foi cansaço, quase um tributo por ter vivido tanto. Ao retornar, o Léo ainda organizou um painel on--line com os convidados latinos, *"Pandas, portais e astronaves do outro lado do planeta"*, na convenção da ALCIFF, a Associação de Literatura e Ficção Científica e Fantasia Chilena. Agora, cada um falava de sua casa, de seu país, com direito a árvores de Natal de fundo e barulho de obras vazando no áudio. A América Latina, esse lugar ruidoso.

Seguimos trocando áudios e fotos de cachorro pelo WhatsApp.

No meu bloco de notas, ainda consta:

"Há 2.000 pandas no mundo e 80% estão na província de Sichuan. Visitei uma reserva com 215 animais."

Engraçado que "pandas" para mim é a maneira como chamo meus amigos latinos. Estávamos tão longe, e a conversa acesa e incessante entre nós era o estar em casa.

Nas anotações, uma frase minha:

"Na América Latina, resistir é nossa forma de ciência."

Uma frase do César:

"A verdadeira pátria são as pessoas que amamos."

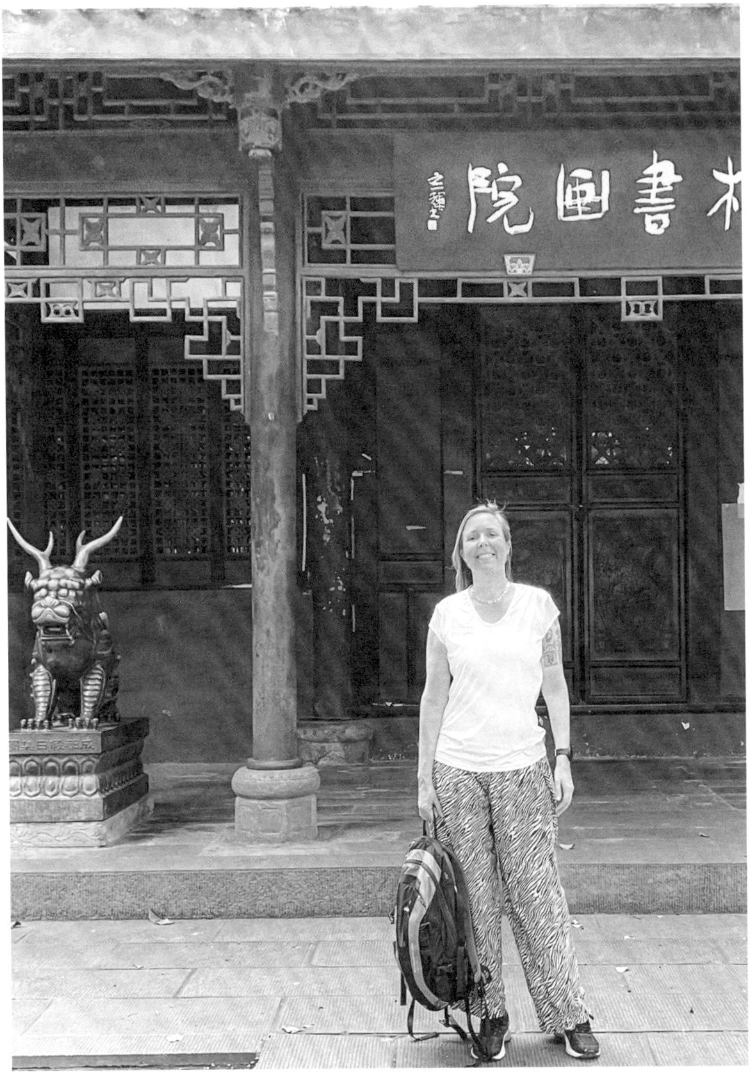
書画院

futuro, o óbvio insondável

Não lido com o futuro da forma cartomante ou futuróloga, embora ambas as abordagens sejam interessantíssimas. Me desculpa, mas não consigo trazer nada útil com relação aos resultados da próxima eleição ou aos números da Mega-Sena. Entretanto, o futuro é a matéria-prima imaginativa, por excelência, da ficção científica, um dos meus campos de estudo. Uso o futuro para meditar sobre o presente. Entretanto, não nos enganemos sobre profecias: não há nada mais antigo que o futuro de ontem. Basta ler sobre o que imaginavam alguns de nossos predecessores do hemisfério Norte, tão ligados à expansão capitalista industrial da primeira metade do século passado, sobre os dias atuais — férias na Lua, robôs sencientes e carros voadores. Hoje o Elon Musk faz um pouco esse papel um tanto ridículo, se esforçando em tornar algumas dessas profecias em realidade (em lugar de, sei lá, pensar na redistribuição de renda ou terminar com a fome ao redor do planeta). Nada melhor descreve o presente do que o imaginário sobre o futuro.

Cultivar o futuro é cultivar um poder

Lidar com nossas limitações, principalmente as fictícias, é uma questão essencial tanto para a ciência política quanto para as utopias literárias — estas últimas ocorrem quando largas doses de política e organização social são condensadas e aprisionadas numa espécie textual, ou seja, entre frases, parágrafos e espaços não ditos entre as linhas.

Daí é tão precisa a lição do verso de Paulo Ferraz, do livro *De novo nada*:

"Só o impensável é impossível."

Praticar a imaginação e forçar a mente a formular coisas que não existem ainda é uma tarefa essencial, pois estabelece uma base criativa, uma construção de poder, mesmo que paradoxalmente não exista. Se assim não fosse, o governo da França não teria contratado escritores de ficção científica para "inovar suas abordagens de Defesa", conforme a matéria da Época (agosto de 2019); o governo dos Estados Unidos não financiaria escritores em programas com a NASA, justo desse programa que a N. K. Jemisin tirou sua fabulosa trilogia *A terra partida*; o governo chinês não teria construído seu impressionante Museu da Ficção Científica, em Chengdu. Se não fosse, governos autoritários não iriam censurar justo os livros que fabulam sobre o futuro, inclusive futuros escuros no estilo *Fahrenheit 451*, de Ray Bradbury. Ao meditar sobre o futuro, a ficção científica torna um pouquinho mais real um imaginário fictício. E você conhece a frase, "ideias são à prova de balas".

Isso tudo é estudado dentro da ideia de "hiperstição". Aprendi isso com uma amiga, a crítica mexicana Analía Ferreyra Carreres, que estudou textos de Alex Williams, Nick Land e Simon O'Sullivan, entre outras autorias. Trata-se de um fenômeno relacionado com as "estéticas de aceleração", uma vertente teórica para interpretar inovações tecnológicas a partir da ficção científica política.

A ideia de hiperstição seria o fenômeno pelo qual narrativas conseguem afetar sua própria realidade, contribuindo para tornar o que foi imaginado, verdade. Assim, a assimilação de obras futuristas termina por criar um curto-circuito temporal: o futuro previsto impacta o presente de forma que se obtenha aquele mesmo futuro. Não é incrível? A Analía usa o conceito ao analisar o conto *Sonharão no jardim*, da autora também mexicana, Gabriela Damián Miravete, narrativa premiada que tive a oportunidade de traduzir ao português. Ao imaginar um futuro próximo sem violência contra as mulheres, mesmo que partindo de um presente distópico, ilustrado por casos reais de feminicídios na América Latina, o conto faz com que a utopia se torne um pouco mais provável. Claro que a história une mecanismos políticos reais e fictícios para ilustrar a mudança, com a famosa ambiguidade da literatura. Mas nos deixa no peito um vislumbre, um estalo.

A disputa pelo futuro, no campo imaginário, é essencial. Se não conseguimos nem imaginar como sair de uma crise, como iremos encontrar as ferramentas reais da realidade? Isso me leva a citar a Ursula Le Guin, escritora que tanto a Analía e a Gabriela quanto eu adoramos. Nossa querida avó imaginária, fazendo de nós três suas netas espalhadas pela América Latina. Autora que, no ápice de sua sabedoria, ao receber o prêmio National Book constrói o seguinte raciocínio:

"Vivemos no capitalismo e seu poder parece ser inescapável. Mas assim também se parecia o direito divino dos reis. Todo poder humano é passível de resistência e mudança feitas por seres humanos. Muitas vezes, a resistência e a mudança começam na arte. Muitas vezes, em nossa arte, a arte das palavras."

A ficção ao dar gramática e vocabulário a sonhos e aspirações é uma parte integrante da realidade. Talvez tão tênue que não conseguimos enxergar. Igual ao ar. A ficção: uma substância invisível sem a qual não conseguimos respirar.

O insondável tempo em espiral

Existe sempre uma tensão sobre o futuro. É o insondável, o impensável, o repentino. Assim, quando escrevemos sobre o que ainda não existe, podemos até tatear algo, mas a ficção não opera como o oráculo. Muitas vezes, a ficção é toda a viagem do oráculo, excluindo justamente a parte da profecia. E nesse resto, paradoxalmente, talvez seja onde encontremos o mais precioso, um espelho nítido sobre nossa imperfeita capacidade de imaginar.

Tenho a felicidade de conversar sobre esses e outros assuntos perturbadores com pessoas maravilhosas. Uma dessas pessoas é o César Santivañez, escritor de ficção científica peruano e roteirista de animação. Passada a pior parte da pandemia, mas ainda munidos de máscaras pesadas e atestados de vacinação, viajamos até Boston, capital de Massachusetts, para participarmos da Boskone 59, uma conferência regional de ficção científica e fantasia.

Era fevereiro. O inverno por lá tem fama de terrível. Inclusive, a ideia de organizar uma convenção bem nessa época parecia excelente ao pessoal da Boskone: um programa digno para passar o tempo no quentinho, enquanto o mundo lá fora se virava em nevascas. Para nós, dois animais tropicais, era um pesadelo.

Congelamos nas ruas da capital de Massachusetts, ladeada por um gélido Oceano Atlântico e por gaivotas indiferentes a nosso tiritar. Era ruim e era bom. O César era como família para mim, embora a gente nunca tivesse se visto pessoalmente. Com seus óculos de acetato, mantinha os cabelos cacheados presos num coque, a pele morena e os olhos escuros emoldurados por sobrancelhas, sempre acentuando suas expressões de surpresa ou suas histórias ótimas tiradas do bolso. A risada fácil fazia o ar frio ao nosso redor condensar.

Dentro do hotel onde acontecia a convenção, era quente. Havia café grátis, uma feira de livros e por lá conheci pessoalmente um de meus heróis, o Ted Chiang. É o autor de *História da sua vida*, um conto de 1999, adaptado ao cinema por Denis Villeneuve, naquele filme lindo, *A chegada*. Esbelto e gentil, o escritor foi muito querido nas vezes em que trocamos algumas palavras, mas também curioso, vestindo uma máscara de origami: "você veio do Brasil até aqui para a convenção no inverno?". Entretanto, mesmo com o café grátis dentro do hotel, o César e eu precisávamos sair do quentinho para tirar aquelas máscaras pesadas e respirar melhor. Íamos para fora. O César fumava, eu botava a mão no casaco. A gente ficava observando os carros chegarem e irem no descampado do estacionamento. Até resolvermos dar uma volta congelante nas redondezas e encontrar algo barato para comer.

Assim, nessa ronda gelada, ficávamos trocando ideia sobre questões ecológicas, sobre a imaginação do futuro a partir de nossas paisagens, sobre outras cosmologias e todo o papo furado que esperam de dois latinos em um Norte friorento.

De volta a São Paulo, num calor ameaçador, escrevi ao César, por saudade e por necessidade de consolidar nossas conversas, pedindo um grande favor: você poderia explicar "como entender o futuro, como escritor de ficção científica e também peruano?".

Segue o depoimento:

O tempo não é uma linha reta, mas sim uma espiral
César Santivañez

Como uma pessoa natural de Lima e nativa em espanhol, ao longo da minha vida, aceitei como normal uma concepção de mundo firmada na herança colonial do meu país. Isso equivale a dizer que visualizava o tempo como uma linha horizontal infinita, na qual o homem caminha em direção ao futuro como um equilibrista caminha na corda bamba (e se desequilibrasse, onde cairia?).

Dessa forma, também não imaginava como essa ideia está presente com frequência na linguagem do dia a dia — o "veremos isso mais adiante", "há alguns anos" e *"vamos retroceder no tempo"* são apenas alguns exemplos.

Entretanto, há alguns meses, me deparei com um conceito que me obrigou a repensar minhas convicções completamente e repensar esse meu mundo natural.

Se algum de nós tivesse tido a oportunidade de conversar com um habitante da América Pré-Colombiana, teríamos certamente a surpresa de notar que o nosso interlocutor, quando queria se referir ao que ainda está por vir, apontaria para trás. Este é o Qhipa Pacha, *"o tempo das costas" (futuro em quechua)*. Mas se, ao contrário, ele tivesse se referido a acontecimentos que já ocorreram, teria feito um gesto para adiante. Este chama-se Ñawpa Pacha, *"o tempo dos olhos" (passado)*.

Será que isso significa que nossos antepassados acreditavam em um tempo ao contrário? Não exatamente. De acordo com o conceito pré-hispânico, o passado e o futuro ainda se encontram no mesmo lugar. O que muda é a forma como os seres humanos viajam através do tempo: enfrentando o passado, caminhando para trás em direção ao futuro.

A explicação é simples: embora não possamos ver o futuro, podemos analisar os erros do passado e redirecionar nossas próprias vidas como acharmos melhor. E ainda há algo a mais: o tempo não é uma linha reta, mas sim uma espiral. Tudo, de certa forma, obedece a um ciclo constante de vida e morte.

Isso tudo mudou minha compreensão sobre meu lugar no mundo. Sinto-me muito mais consciente de pertencer a uma tradição literária, familiar e histórica. Ignorá-la seria a pior forma de enfrentar novos tempos.

Daí o nome do coletivo de escritores de ficção científica ao qual pertenço: Qhipa Pacha. Daí a nossa firme convicção de compreender o nosso passado para nos ajudar a moldarmos o futuro da literatura de gênero no nosso país: uma que se sinta toda nossa.

O futuro está nos olhos de quem nos antecede

Essas ideias do querido César são úteis para desautomatizar nossa linguagem e, mais importante, nossa forma de pensar. Por exemplo, imaginar o futuro exige olharmos bem fixamente nos olhos de quem nos antecede. E isso vem com uma camada de ficção, claro, pois podemos escolher quem nos antecedeu imaginariamente. Olho bem nos olhos de quem brigou para que o voto não fosse censitário nesse país. Ou para quem refutou a mentira de que as mulheres são loucas por gostarem da leitura. Ainda podemos olhar firmes nos olhos de quem lutou para que mulheres escrevessem. Inclusive, quando estou com preguiça de escrever, é para essas pessoas que escrevo. Para que os esforços de um futuro possível do passado não sejam em vão. É a partir dessas miradas fictícias que tecemos sonhos mais profundos e complexos. Os mais brilhantes sonhos sonhamos em vigília, a partir de fractais de desejos de gerações e gerações.

Lembrando das nuvens do cigarro do César condensando no frio do ar, fico pensando o quão grande é o mundo e que bonito o compartilhar com pessoas tão próximas, formando nossa colmeia mental. Imaginar é um imenso poder humano, que só pode ser nutrido se compartilhado. A matéria da qual são feitos os sonhos e as profecias.

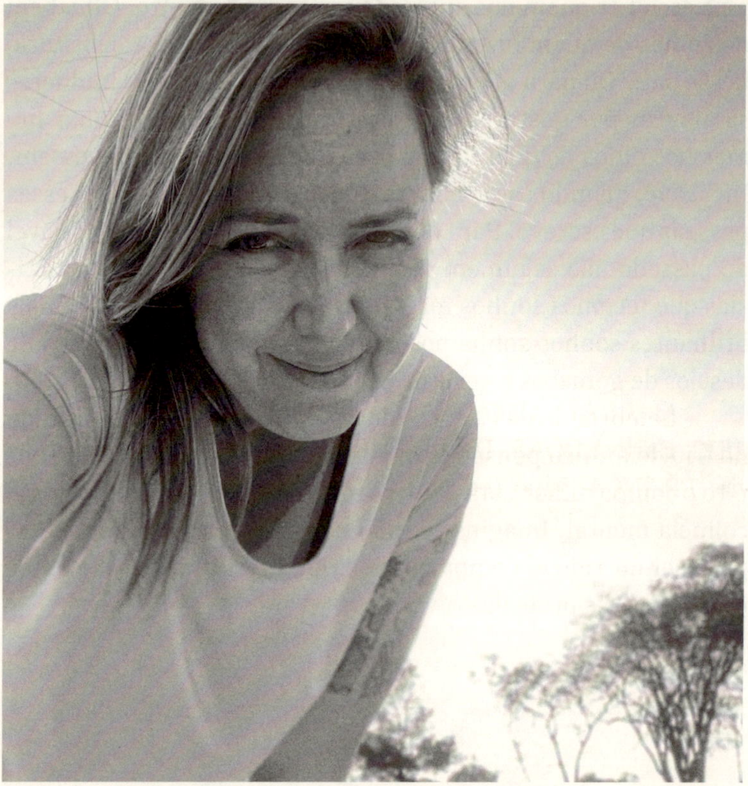

Referências

AARON, Irene. "*Paul Celan: A expressão do indizível*". In: *Pandaemonium Germanicum*. São Paulo, n. 1, p. 77-85, 1997.

AMARAL, George Augusto. Verbete: *New weird*. In: REIS, Carlos; ROAS, David; FURTADO, Filipe; GARCÍA, Flavio; FRANÇA, Júlio (editores). *Dicionário Digital do Insólito Ficcional*. Rio de Janeiro: Dialogarts, 2022.

ARIEL, Marcelo. *Com o Daimon no contrafluxo*. São Paulo: Patuá, 2016.

BARRAL, Manuela. "*As damas do unicórnio: apresentação*". In: *Victoria Ocampo e Virginia Woolf — correspondência*. Trad. Emanuela Siqueira, Nylcéa Pedra e Rosalia Pirolli. Rio de Janeiro: Bazar do Tempo, p. 15-28, 2024.

BISHOP, Elizabeth. *Poemas escolhidos*. Trad. Paulo Henriques Britto. São Paulo: Companhia das Letras, 2020.

BRADBURY, Ray. *Fahrenheit 451*. Trad. Cid Knipel. Rio de Janeiro: Biblioteca Azul, 2013.

CALDWELL, Helen. *O Otelo brasileiro de Machado de Assis: um estudo de Dom Casmurro*. Trad. Fábio Fonseca de Melo. São Paulo: Ateliê, 2002.

CARRERES, Analía Ferreyra. *Cartografías líquidas: violencia contra las mujeres en cinco cuentos latinoamericanos contemporáneos*. Dissertação para programa de Pós-Graduação em Literatura, Cultura e Mídia. Universidade de Lund, Suécia, 2020.

CELAN, Paul. *Cristal*. Trad. Claudia Cavalcanti. São Paulo: Iluminuras, 2000.

CHIANG, Ted. *História da sua vida e outros contos*. Trad. Edmundo Barreiros. Rio de Janeiro: Intrínseca, 2016.

DIOGO, Luciana. *Maria Firmina dos Reis: vida literária*. Rio de Janeiro: Malê, 2022.

DURAS, Marguerite. *Escrever*. Trad. Luciene Guimarães de Oliveira. Belo Horizonte: Relicário, 2021.

EVARISTO, Conceição. *Poemas da recordação e outros movimentos*. Rio de Janeiro: Malê, 2017.

FERRAZ, Paulo. *De novo nada*. São Paulo: Sebastião Grifo, 2011.

GOMES, Paola. "Mídia, imaginário de consumo e educação". In: *Educação e Sociedade*, v. 22 (74), p. 191–207, 2001.

HERBERT, Frank. *Duna*. Trad. Maria do Carmo Zanini. São Paulo: Aleph, 2015.

JAMESON, Fredric. *Arqueologias do futuro: o desejo chamado utopia e outras ficções científicas*. Trad. Carlos Pissardo. Rio de Janeiro: Autêntica, 2021.

JEMISIN, N. K. *A terra partida* (trilogia). Trad. Aline Storto Pereira. São Paulo: Morro Branco, 2017-2018.

KRENAK, Ailton. *Ideias para adiar o fim do mundo*. São Paulo: Companhia das Letras, 2020.

LATOUR, Bruno. *Diante de Gaia: oito conferências sobre a natureza no Antropoceno*. Trad. Maryalua Meyer. São Paulo: Ubu, 2020.

LIMA, Nádia Laguárdia e SANTIAGO, Ana Lydia. "*Do diário íntimo ao blog: o sujeito entre a linearidade e a espacialidade*". In: *Subjetividades*, 9 (3), 939–962, 2009.

LIU, Cixin. *O problema dos três corpos*. Trad. Leonardo Alves. São Paulo: Companhia das Letras, 2016.

LOUSA, Pilar Lago, e RÜSCHE, Ana. "*Na máquina do tempo de papel: Comba Malina e a importância da ficção científica de Dinah Silveira de Queiroz*". In: *Abusões*, n. 11, 2020.

MARCHESE, Katia. *Herbário da memória*. São Paulo: Quelônio, 2024.

MIÉVILLE, China. Outubro: *História da Revolução Russa*. Trad. Heci Regina Candiani. São Paulo: Boitempo, 2017.

MIRAVETE, Gabriela Damián. "*Sonharão no jardim*" (conto). Trad. Ana Rüsche. In: *Mafagafo, Aves Migratórias 3*, abr. 2021.

NICHOLS, Sallie. *Jung e o tarô: uma jornada arquetípica*. Trad. Octavio Mendes Cajado. São Paulo: Cultrix, 1988.

OCAMPO, Victoria. "*Virginia Woolf em seu diário*". In: *Victoria Ocampo e Virginia Woolf — correspondência*. Trad.

Emanuela Siqueira, Nylcéa Pedra e Rosalia Pirolli. Rio de Janeiro: Bazar do Tempo, p. 89-160, 2024.

ROUANET, Sergio Paulo. "*Dom Casmurro alegorista*". In: *Revista USP*. São Paulo, 77, p. 126-134, 2008.

RÜSCHE, Ana. *A telepatia são os outros*. São Paulo: Monomito, 2019.

RÜSCHE, Ana. "*Marea viva*" (conto). Trad. Diego Cepeda. In: BASTIDAS-PÉREZ, Rodrigo (org.) *Futuras: cuentos de ciencia ficción ecofeminista*. Medellín: Comfama, 2023.

RÜSCHE, Ana. "*Protocolos de redação*" (conto). #Hashtags. O Estado de S. Paulo, 12 de jul. 2019.

RÜSCHE, Ana. "*The Testaments, de Margaret Atwood: para não esquecer o que é liberdade*". In: *Suplemento Pernambuco*, Recife, ed. 164, p. 4-5, out. 2019.

TELLES, Lygia Fagundes. *Conspiração de nuvens*. Rio de Janeiro: Rocco, 2007.

VIEIRA, Kyara Maria de Almeida. "*Onde estão as respostas para as minhas perguntas*"?: *Cassandra Rios: a construção do nome e a vida escrita enquanto tragédia de folhetim* (1955–2001). Tese apresentada ao programa de Pós-Graduação em História, Universidade Federal de Pernambuco, 2014.

Agradecimentos

Este original não seria possível sem uma pequena multidão. Desde meus pais e meu irmão a meu companheiro (e meu falecido cão, que acompanhou boa parte da escrita deste livro) até todas as pessoas conhecidas e anônimas que acompanham minha newsletter, a *Anacronista*. Agradeço ainda a amizade de muita gente, em especial a Bruno Matangrano, George Amaral, Maria Carolina Casati, Pilar Bu, Thiago Ambrósio Lage e Vanessa Guedes, que ajudaram direta ou indiretamente esses escritos. Também aos interplanetários César Santiváñez, Francesco Verso, Gabriela Damián Miravete, Laura Ponce e Leonardo Espinoza Benavides, que me permitiram citar nossas aventuras neste livro. Agradeço ainda às pessoas que fizeram as ideias ganharem o papel: Caetano Romão, leitor crítico da obra; Christian Dunker, que cedeu uma bela frase à contracapa; e Fabiane Secches, amiga querida que emprestou seu brilho à orelha do livro.

Especialmente, deixo o meu muito obrigada ao Leonardo Garzaro, editor da Rua do Sabão, que confiou no original sem titubear.

Agradeço a você, que torna vívida e pulsante toda essa algaravia.

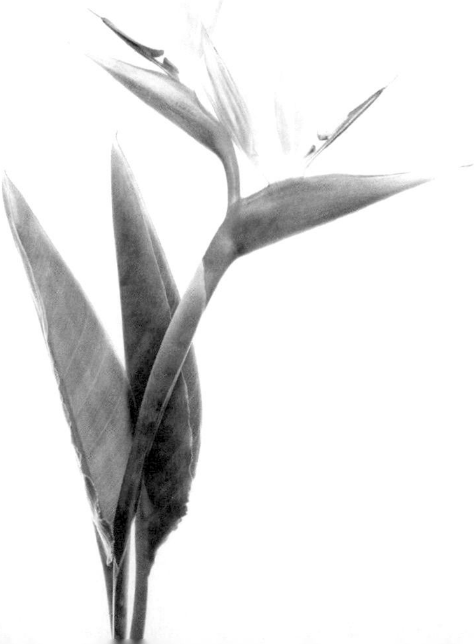

TIPOGRAFIA:
Arkipelago (título)
Untitled Serif (texto)

PAPEL:
Cartão LD 250g/m2 (capa)
Pólen Soft LD 80g/m (miolo)